AF223337

Hervé PONSOT

Saint Pierre, autobiographie 2014

À partir des données bibliques et d'informations recueillies auprès de l'apôtre

© 2014 Hervé PONSOT

Illustrations : Photos de l'auteur ou Wikimedia Commons
Cartes réalisées à partir du logiciel Bibleworks

Edition : BoD - Books on Demand
12/14 rond-point des Champs Elysées
75008 Paris
Imprimé par BoD – Books on Demand, Norderstedt
ISBN : 979-10-93420-00-4
Dépôt légal : Février 2014

I : Commencements

Bonjour, je m'appelle Simon, c'est le nom que j'ai reçu de mes parents, et celui sous lequel on m'a désigné pendant toute mon enfance, et encore alors que j'avais commencé de travailler dans l'entreprise de pêcherie de mon père. Mais je suis plus connu de vous sous le nom de Pierre / Petros (cf. Mt 4,18) : il est la traduction grecque d'un nom commun araméen, Képha, qui signifie justement pierre, et qui m'a été donné par mon maître, Jésus de Nazareth, après que je l'ai rencontré au bord du lac de Galilée (Jn 1,42). Et dans l'évangile de Jean, je suis très souvent appelé Simon-Pierre, signe que ces deux noms sont mes noms usuels.

De son côté, comme en témoignent ses lettres, Paul, après avoir rejoint les disciples de Jésus, sans reprendre le nom de Simon, m'appelle Céphas, translittération grecque de Képha[1] : étrange pour quelqu'un qui est né à Tarse, dans un monde très hellénisé, d'avoir voulu coller à la version araméenne, alors que lui-même avait abandonné l'hébreu Saul ! Sans doute voulait-il rappeler le lien particulier existant entre Jésus et moi. Quoi qu'il en soit, comme ces lettres sont de bons témoins des premiers temps de l'Église, elles attestent pour vous que le nom de Céphas n'a pas figuré que dans la bouche de Jésus, il était habituel de s'adresser à moi de la sorte avant que Petros, traduction grecque du terme pierre, ne l'emporte.

---

[1] Il fait une exception en Ga 2,7 parce qu'il se réfère à un document existant sur lequel je reviendrai.

3

Car dans le monde chrétien, Pierre est devenu le nom prédominant. D'ailleurs, si vous parcourez les évangiles, vous verrez qu'à l'exception du verset de Jean que je vous ai cité[2], le nom de Céphas n'apparaît pas. Mais vous constaterez aussi, avec peut-être un peu d'étonnement, que Jésus ne se serait adressé à moi directement, en m'appelant par mon nom, qu'en trois occasions : Mt 16,18 ; Mc 14,37 ; Lc 22,34. Je vais revenir sur la première, mais je commence par les deux suivantes. Chez Marc, cela se passe au jardin de Gethsémani, alors que la trahison se précisait, et là Jésus m'aurait appelé Simon ; chez Luc, c'est toujours au moment de la Passion, alors que Jésus m'annonce mes futurs reniements, et il m'aurait appelé Pierre. Dans les deux cas, les évangiles parallèles ne confirment pas, et si nous n'avions pas les lettres de Paul, la question de savoir quel nom fut privilégié par Jésus dans ma vie serait difficile à trancher pour vous aujourd'hui. Il s'agit bien de Képha, mais comme ce nom araméen ne disait plus rien aux populations de langue grecque que voulaient toucher les évangélistes, Pierre s'est imposé.

Quant à l'usage de mon nom chez Matthieu, il n'apparaît que dans une situation singulière, que les autres évangélistes omettent. L'évangéliste situe la scène assez tardivement, comme pour définir ce que serait ma vocation après son départ ; Jésus aurait joué sur ce nom de Pierre en me disant : « tu es Pierre, et sur cette pierre, je

---

[2] Ainsi, l'évangile de Jean, que vous considérez avec raison comme plus tardif, mais dont pour cette raison vous négligez souvent à tort l'information, est en fait le seul des quatre à témoigner de ce que fut vraiment l'usage de Jésus.

4

bâtirai mon Église » (Mt 16,18). Je sais que certains de vos commentateurs contestent aujourd'hui l'authenticité d'un tel propos, qui n'apparaît que là, qui fait une référence étonnante et unique à « l'Église », et qui sert si bien les intérêts réels ou supposés de l'Église catholique. Ils peuvent certes avancer encore d'autres raisons, aller jusqu'à parler d'une création matthéenne, mais j'espère qu'elles n'emporteront pas votre conviction : même s'il a pu être mal exploité ou surexploité, le propos est authentique, bien frappé, comme Jésus savait en produire. Les commentateurs, s'ils ne sont pas guidés par un a priori, savent que la singularité peut être aussi un signe d'authenticité ; bien plus, je dois vous dire que c'est l'existence de cette parole de Jésus qui a largement contribué à donner l'exclusivité ou presque au nom de Pierre.

Je vais sans doute vous surprendre en allant plus loin : le propos de Jésus fut prononcé en fait beaucoup plus tôt, dans le contexte que lui donne Marc, l'établissement des Douze (Mc 3,16). Il visait à justifier le changement de mon nom en l'appuyant sur une volonté que Jésus avait déjà à ce moment-là, quoi qu'en disent certains de vos exégètes, celle de fonder une Église sur le modèle du peuple de l'Ancien Testament, avec ses douze tribus. Mais nous les disciples, à ce moment-là de l'histoire de Jésus, nous n'y avons rien compris : le propos s'est donc perdu, j'étais devenu Pierre par la volonté de Jésus, point final. Matthieu a ensuite récupéré la parole en changeant son contexte.

Je résume : presque tout le monde dans les cercles chrétiens a donc pris l'habitude de m'appeler Pierre, en utilisant la forme

5

grecque. Pour vous aussi, dans le reste de mon récit ce sera donc Pierre.

Pour en terminer avec cette question des noms, sachez toutefois qu'il en est un que je n'ai jamais porté, celui de Syméon. Or, il apparaîtrait pour me désigner en deux passages de votre Nouveau Testament. Lorsque Luc l'emploie[3], et que l'on veut me reconnaître sous ce nom en Ac 15,14, vos commentateurs auraient dû avoir la puce à l'oreille et comprendre que l'évangéliste avait un peu réécrit l'histoire, ou plutôt l'avait mise en scène comme il le fait si bien : c'est quelque chose dont je vous reparlerai plus loin. En tout cas, là, le Syméon en question est celui dont il avait déjà parlé en Ac 13,1, un représentant éminent de la communauté d'Antioche. Quant à l'emploi de 2 P 1,1, il signe justement le fait que cette lettre n'est pas directement de moi, même si elle reprend certains de mes usages littéraires ou de mes propos : je reparlerai d'elle beaucoup plus loin pour vous aider à en comprendre la genèse. Une fois pour toutes, sachez-le, je suis Simon et non pas Syméon.

Je suis né à Bethsaïde[4], comme bien d'autres figures présentes dans les évangiles (André, Jean, Jacques, Nathanaël, Philippe), mais

---

[3] L'évangéliste Luc est aussi l'auteur des Actes des Apôtres. Cet ouvrage offre, à condition d'être bien interprété, autrement dit analysé sérieusement au plan littéraire, une mine d'informations me concernant : j'y reviendrai donc souvent.

[4] Jn 1,44. Ce que vous pouvez visiter aujourd'hui de ce village ne se trouve plus au bord du lac, mais la situation était différente à mon époque.

6

j'ai vécu à Capharnaüm[5], pas très loin, où je pratiquais la pêche en famille suivant la tradition de mes pères. Certes, les évangélistes ne vous disent rien de mes parents, mais il était traditionnel alors de suivre leurs traces : c'est ce qu'a fait aussi mon frère André, avec qui j'étais associé[6]. Les affaires n'étaient pas toujours florissantes, parfois nous ne prenions rien dans nos filets[7], mais nous n'étions pas les plus à plaindre : des journaliers, comme ceux auxquels Jésus fait souvent référence, et que vous pouviez encore trouver il n'y a pas si longtemps en Terre Sainte[8], menaient une vie beaucoup plus incertaine et misérable.

Capharnaüm, dont le nom commun ternit aujourd'hui étonnamment la réputation[9], était en fait une bourgade agréable, de quelque ampleur, comme en témoignent les restes que vos

---

[5] Où il vous est donc possible aujourd'hui encore de voir les restes de ma maison, en pierre de basalte comme l'ensemble du village. Toutefois, ces restes ne vous sont plus directement accessibles, il faut les voir depuis cette triste église de béton, en forme d'araignée, qui les surplombe... Ou bien sur la photo que je vous présenterai plus loin.

[6] Cf. Mt 4,18

[7] Lc 5,5

[8] C'est du moins ce que me dit celui à qui je rapporte ces souvenirs, et qui prétend avoir vu encore dans les années 1980, près de la porte de Damas, des camionnettes 'pick-ups' venant quotidiennement embaucher des ouvriers.

[9] Il est difficile de comprendre pourquoi ce nom est maintenant associé à celui de bric à brac : serait-ce justement en raison de la grande activité commerciale de la ville qui faisait que l'on y trouvait de tout ?

archéologues ont mis à jour : il s'y trouvait une petite garnison[10], et la magnifique synagogue du IVe siècle que vous voyez aujourd'hui a été construite à l'emplacement de celle que j'ai connue et qui était aussi grande[11].

Figure 1 : Capharnaüm, la synagogue du IVe siècle

[10] Romaine ? Non pas, composée en fait de mercenaires étrangers employés d'Antipas. Mt 8,5-13 et Lc 7,1-10 laissent entendre à première lecture la présence d'une centurie, ce que vos historiens nient avec force et raison. Mais rien dans les textes, pas même la précision « sous mon toit » (Lc 7,7) qui peut simplement vouloir dire « là d'où je viens », n'exige absolument que le centurion fût lui-même résident : à la manière de Naaman, le général syrien venu se faire guérir de la lèpre auprès d'Isaïe au mont Carmel (2 Rois 5), ce centurion était résident de Syrie et simplement de passage à Capharnaüm.

[11] Je sais que certains de vos historiens ont nié l'existence de synagogues en Galilée au premier siècle, mais les fouilles opérées par les franciscains depuis 1969 à Capharnaüm sous et à proximité immédiate de la synagogue blanche du IVe siècle ont révélé l'existence d'une synagogue du Ier siècle, celle précisément que j'ai connue. Sur Capharnaüm et les fouilles, je vous renvoie à http://www.christusrex.org/www1/ofm/sites/TScpmenu_Fr.html

8

Jésus était venu s'y installer[12], et il avait bien des raisons de le faire comme l'expliquent encore si bien nos frères franciscains :

« Capharnaüm était un carrefour de première importance par sa situation sur la grand-route Beth-Shan - Damas, alors que Nazareth était un hameau montagneux et isolé ; mais ce carrefour se trouvait assez éloigné des centres importants et spécialement de Tibériade, où Hérode Antipas avait établi sa capitale : Jésus pouvait ainsi répandre largement son message messianique sans s'attirer trop vite des ennuis de la part des chefs politiques et religieux. Ensuite, contrairement à Nazareth, Capharnaüm avait une population très variée : pêcheurs, cultivateurs, artisans, marchands, publicains, etc., vivaient dans le même village, mais apparemment sans aucune inégalité économique marquante, Même les relations entre les habitants de Capharnaüm et les Romains se caractérisaient par une cordialité surprenante. Un centurion romain avait construit la synagogue pour la communauté juive et, de leur côté, les anciens du village le payaient de retour en plaidant en sa faveur pour obtenir de Jésus la guérison de son serviteur (Lc 7, 1-10). Bref, les habitants de Capharnaüm étaient des travailleurs acharnés, économes et ouverts. »[13]

Veuillez noter la mention « carrefour de première importance » : je suis un provincial, ayant vécu dans un petit bourg, et je le

---

[12] Mt 4,12

[13] Texte original sur le site Internet qui vient d'être évoqué.

9

revendique. Je n'étais pas pour autant un inculte comme certains de vos commentateurs, interprétant peut-être Luc à tort[14], ont tenté de le faire croire, en cherchant à m'opposer à Paul : bien des éléments nous ont différenciés, mais si je n'avais pas l'étendue de sa culture, j'ai néanmoins suivi une formation auprès du chef de synagogue, comme beaucoup d'enfants de mon âge, j'ai acquis une bonne connaissance de nos Écritures, j'ai fait beaucoup de rencontres à travers les activités commerciales, j'ai appris à parler un bon grec dans une région où il était devenu très courant, et c'est ce qui a d'ailleurs justifié plus tard que l'on me reconnaisse comme l'apôtre des circoncis[15].

Avec tout cela, je constate que, depuis des siècles, nombre de commentateurs continuent de mettre en cause ma culture, la réduisant à un strict minimum : je me demande si leur position ne résulte pas d'un a priori, selon lequel les élites ne peuvent se recruter qu'en milieu urbain. Oui, je fus un provincial, mais je n'avais rien du plouc pour autant !

---

[14] J'évoque ici ce qu'il rapporte à mon sujet et celui de Jean, lorsque nous avons comparu devant un Sanhédrin qui nous aurait tenus pour « gens sans instructions ni culture » (Ac 4,13). D'abord, il importait pour lui de grossir le trait, d'aller dans le sens de son maître Paul en soulignant que c'est dans la faiblesse que l'on devient fort. Mais en outre, dans le contexte, « sans instructions ni culture » signifie quelque chose de ce que l'on entend souvent aujourd'hui sous l'étiquette de « plouc », à savoir provincial mal dégrossi.

[15] Ga 2,8-9

10

Figure 2 : Les restes de la maison de Pierre à Capharnaüm

Capharnaüm n'étant pas comme Ninive une ville qui demandait trois jours pour être traversée[16], il était inévitable que mes pas croisent ceux de Jésus, surtout si celui-ci venait à se promener au bord du lac où j'avais moi-même mes quartiers. Et c'est bien ce qui advint si l'on en croit vos évangiles synoptiques. Mais l'évangéliste Jean (1,35-51) donne une autre version des faits : pour lui, j'avais déjà quitté Capharnaüm pour devenir disciple du Baptiste au bord du Jourdain, et c'est là que j'aurais connu Jésus, venu passer un temps auprès de notre prophète. C'est l'interprétation que proposent aujourd'hui un grand nombre de vos commentateurs, et ils ont raison : les évangiles synoptiques, voulant éviter de donner trop de place au Baptiste, ont « raccourci l'histoire ».

---

[16] Jon 3,3

11

Mais ils n'en ont pas moins insisté, comme l'évangéliste Jean lui-même le fait, sur l'engagement qui fut le mien et celui d'autres disciples de Jean-Baptiste pour suivre Jésus : de fait, avec mon frère André, avec Jean et Jacques peu après, nous avons tout quitté, y compris notre prophète, pour le suivre[17] ! Enfin, quand je dis « tout quitté », je n'inclus pas mon épouse parce qu'elle a accepté de me suivre (cf. Mt 8,14 et // ; et 1 Co 9,5). Et c'est alors que nous avons retrouvé les bords du lac, où nous ne sommes toutefois restés que peu de jours (Jn 2,12) : notre vie itinérante commença en effet presque aussitôt.

J'imagine votre surprise, peut-être même vos doutes, et vous voudriez bien comprendre nos « vraies » raisons. Ce dont vous pouvez être sûrs, c'est qu'à la différence de certains pseudo-gourous, Jésus ne nous a pas promis la lune qu'il ne possédait pas : bien au contraire, tous ceux qui le croisaient étaient frappés de son dénuement. Par ailleurs, si Luc présente notre élan comme le fruit d'une pêche miraculeuse[18], qui eut bien lieu mais beaucoup plus tard, au lendemain de la résurrection (cf. Jn 21), celle-ci n'aurait pas suffi à nous engager tout entier : il ne nous était pas possible de fonder notre vie sur un événement ponctuel, fût-il tout à fait extraordinaire.

Il est donc vrai qu'il y avait « autre chose », mais une « autre chose » bien difficile à décrire : c'est comme si vous aviez connu un

---

[17] Cf. Mt 19,27 et parallèles.

[18] 5,1-11

12

« coup de foudre » et que je vous demande de le décrire, vous seriez sans doute bien embarrassé. Bon disons que cela tenait à sa personne, sans que l'on doive immédiatement se référer à l'explication bien connue chez vous du « magnétisme » : Jésus n'était pas magnétique, il laissait d'ailleurs une immense liberté à ceux qui se trouvaient en face de lui, mais c'est peut-être là justement que se trouvait le mystère. Dans la rencontre avec lui, nous nous sommes retrouvés complétement nous-mêmes, complétement libres vis-à-vis de lui, et en même temps totalement proches, totalement liés à lui comme si nous l'avions toujours connu et comme s'il nous avait toujours connus. Si bien que sa parole, tout à la fois douce et forte, « viens suis-moi »[19], avait une résonance à nulle autre pareille, et s'imposait comme une évidence. Les évangélistes parlent volontiers de son autorité, et cela décrit assez bien aussi ce que nous avons pu ressentir, nous les disciples, mais je reviendrai là-dessus plus tard.

Ah ! la parole de Jésus, vous avez quand même bien de la chance que les évangélistes vous en aient restitué quelque chose : si vous prenez un peu de distance vis-à-vis du monde si bavard qui est le vôtre, si vous laissez cette parole résonner en vous dans un certain silence, je crois que vous comprendrez un peu de ce que nous avons connu, nous les apôtres. Surtout que Jésus étant encore vivant, c'est lui-même qui parlera par son Esprit en vous.

---

[19] C'est le fond du propos que les évangélistes vous ont transmis avec quelques variations : Mt 4,19 ; Mc 1,17 ; 2,14 ; Lc 5,27.

Nous l'avons donc suivi. Pour ma part, comme je viens de le rappeler, j'étais avec ma femme, dans la plupart de mes déplacements. Ai-je joué un rôle prédominant dans le groupe ? Les évangiles me donneront de fait une place particulière, mais plutôt comme porte-parole que comme chef, au moins dans les débuts de nos pérégrinations : le chef, c'était alors Jésus.

II. Sur la route

Vous le savez, les évangiles n'ont pas été écrits pour parler de nous, les apôtres, mais de Jésus. Jésus étant remonté au ciel, il en va différemment des Actes des Apôtres où Luc a choisi de mettre l'accent sur moi-même et sur Paul : au point que certains commentateurs divisent l'ouvrage en deux parties, la « geste de Pierre » d'une part, la « geste de Paul » d'autre part. Cela me semble un peu réducteur, mais il reste que nombre d'informations me concernant, du moins pour le temps après la Résurrection, se trouvent là, dans les douze premiers chapitres de cet ouvrage.

Mais pour les commencements, il faut en rester aux évangiles, au temps passé auprès de Jésus. Fût-ce l'affaire d'un an, comme le suggèrent les évangiles synoptiques, ou d'un peu plus de deux ans, comme le propose l'évangile de Jean[20] ? Vos commentateurs sont divisés, mais l'un des derniers en date, un exégète américain du nom de John Paul Meier[21], a eu raison de souligner que la « durée synoptique » *peut* se réduire à un an, sans pourtant que cela soit absolument nécessaire : d'ailleurs, certains versets synoptiques

---

[20] Pour établir cette durée, il faut compter le nombre de fêtes de Pâques évoquées par l'évangéliste : 2,13.23 ; 6,4 et 11,55.

[21] *Un certain juif : Jésus. Les données de l'histoire*, tome I : Les sources, les origines, les dates, Cerf, 2004.

suggèrent une durée plus longue[22]. En fait, le ministère public de Jésus s'est étendu de mars 28 à avril 30.

Et j'ai passé ce temps auprès de Jésus : ce fut court et long à la fois, du fait de la richesse de ce qui s'est vécu. C'est donc difficile à rendre, mais je vais quand même essayer de vous transmettre un peu de cette richesse.

L'élan des commencements

Pour nous les premiers disciples, après la rencontre avec Jésus, tout était clair : « nous avions trouvé le Messie » (cf. Jn 1,41), celui que tant de monde en Israël attendait, celui qui devait sauver son peuple. Vous avez peut-être du mal à comprendre, vous vous dîtes sans doute que ce temps-là est passé, mais je n'en suis pas si sûr : quand je vois dans votre monde combien d'hommes politiques prétendent être venus pour sauver leur peuple et disposer de toutes les recettes nécessaires à ce but, j'ai l'impression que vous connaissez en fait plus de messies que nous n'en avions à mon époque. Et je me félicite que celui que j'ai connu et dont je vous parle ait été si différent des autres, et des vôtres ! Au point d'appeler Dieu son Père[23], et de prétendre faire sa volonté en mourant sur une croix[24].

---

[22] Meier évoque par exemple Mt 23,27 (// Lc 13,34) : « Jérusalem, Jérusalem, toi qui tues les prophètes et lapides ceux qui te sont envoyés, *combien de fois* j'ai voulu rassembler tes enfants comme une poule rassemble sa couvée sous ses ailes, et vous n'avez pas voulu ! ».

[23] Jn 5,18

16

La première chose que j'ai voulu faire, c'était tout simplement « d'être avec lui »[25], pour en apprendre un peu plus sur lui et son message. Telle est d'ailleurs la première des caractéristiques d'un disciple et mon attitude n'avait donc rien de très nouveau. Pourtant, si, il y avait peut-être quelque chose de nouveau. Vous savez, en grec, disciple se dit *mathêtês*, un terme qui connote l'idée d'enseignement, et l'on pourrait limiter à cela le rôle du disciple. Mais je n'étais pas chargé seulement d'écouter un enseignement avant de le rediffuser, mais plus encore de le vivre : *verbo et exemplo*[26], selon une formule qui aura cours dans l'Église plus tard ; et quand il s'agit d'un enseignement comme celui des Béatitudes, dont je vais vous reparler plus loin, croyez-moi, c'était plus facile à redire qu'à mettre en œuvre.

Moi, comme un bon travailleur de l'époque, j'avais été habitué à mettre au premier plan la notoriété, la rentabilité, la richesse, et je faisais bien sûr plus de cas du riche que du pauvre. J'étais en bonne compagnie si j'en crois ce qu'écrivit ensuite saint Jacques : « Mes frères, ne mêlez pas à des considérations de personnes la foi en notre Seigneur Jésus Christ glorifié. Supposez qu'il entre dans votre assemblée un homme à bague d'or, en habit resplendissant, et qu'il entre aussi un pauvre en habit malpropre. Vous tournez vos regards

---

[24] Mt 26,42

[25] Mc 3,14

[26] Enseigner par la parole et par l'exemple.

vers celui qui porte l'habit resplendissant et vous lui dites : « Toi, assieds-toi ici à la place d'honneur. » Quant au pauvre, vous lui dites : « Toi, tiens-toi là debout », ou bien : « Assieds-toi au bas de mon escabeau. » » (Jc 2,1-3).

Et voilà que Jésus venait bousculer tous nos usages. Il nous demandait d'entrer dans une logique radicalement nouvelle alors que nous le connaissions à peine : on dit que l'amour est aveugle, mais quand même. Il m'a fallu du temps pour accepter le renversement proposé ; à moi comme aux autres disciples : nous étions tous dans le même sac. Voyez comment Jacques et Jean ont envoyé leur mère auprès de Jésus pour lui demander de tenir les premières places dans le Royaume : « La mère des fils de Zébédée s'approcha de Jésus avec ses fils, et se prosterna, pour lui faire une demande. Il lui dit : Que veux-tu ? Ordonne, lui dit-elle, que mes deux fils, que voici, soient assis, dans ton royaume, l'un à ta droite et l'autre à ta gauche. Jésus répondit : Vous ne savez pas ce que vous demandez. Pouvez-vous boire la coupe que je dois boire ? Nous le pouvons, dirent-ils. Et il leur répondit : Il est vrai que vous boirez ma coupe ; mais pour ce qui est d'être assis à ma droite et à ma gauche, cela ne dépend pas de moi, et ne sera donné qu'à ceux à qui mon Père l'a réservé » (Mt 20,20-23). Pourtant, nous n'étions plus aux premiers temps du compagnonnage avec Jésus, ils auraient dû avoir déjà compris !

Je n'en veux ni aux deux frères ni à leur mère, nous avons tous nos faiblesses, moi le premier comme cela se verra tout au long de cette autobiographie. Il me fut donc difficile de comprendre que les

18

béatitudes ne faisaient que développer la vraie logique de l'amour. Cela s'est fait en plusieurs étapes, en particulier après que Jésus m'ait violemment rabroué pour lui avoir proposé une voie toute personnelle de salut[27]. Finalement, c'est surtout en réfléchissant sur le sens de la croix, au lendemain de mon reniement, que j'ai reconnu que ces béatitudes étaient la voix du salut du monde. Et j'ai compris que Jésus nous les avait proposées au début du ministère pour nous situer d'emblée dans l'optique de la croix, qui réalise pleinement l'idéal des Béatitudes. Vous disposez vous aujourd'hui d'un tableau d'ensemble, et vous pouvez saisir ces choses-là plus vite, mais pour moi, pour nous les disciples, nous n'en avions encore que les premières approches : je crois qu'il était normal que l'on s'égare.

Sur la route, au fil des jours

Au début de nos pérégrinations, tout s'est plutôt bien passé : après nous avoir séduits, Jésus séduisait aussi les foules qu'il rencontrait. Je crois que cela était dû surtout à deux choses :

1. En premier lieu, il faut évoquer la force de sa parole, dont j'ai déjà dit quelques mots à l'occasion de notre rencontre. Très vite, ceux qui l'écoutaient se rendaient compte qu'il

---

[27] « Passe derrière moi, Satan ! tu me fais obstacle, car tes pensées ne sont pas celles de Dieu, mais celles des hommes ! » (Mt 16,23).

avait une autorité naturelle et « ne parlait pas comme les scribes »[28]. Il ne faisait pas que répéter l'enseignement des maîtres, il le renouvelait, il n'hésitait pas à employer un « Je » tout à fait inhabituel pour nous[29].

2. En deuxième lieu, il guérissait. Et pas seulement les corps, mais aussi les âmes au moyen du pardon des péchés. On en connaissait à notre époque des faiseurs de miracles, mais capables d'aller aussi loin, c'était exceptionnel. Il faut bien se rendre compte que, dans notre tradition, le pardon des péchés était l'apanage de Dieu seul[30] ! Oh, certes, Jésus employait le plus souvent un passif « tes péchés sont pardonnés »[31], signifiant ainsi que c'était bien Dieu qui pardonnait, mais il n'en restait pas moins qu'il était capable d'assurer que Dieu avait bien agi à travers lui. Une fois même, en évoquant la mystérieuse figure du « Fils de l'homme », qui le représentait en fait dans son rôle de juge à la fin des temps, il fut plus direct : « pour que vous sachiez que le Fils de l'homme a le pouvoir sur la terre de remettre

---

[28] Mt 7,29 et Mc 1,22

[29] Matthieu s'en est bien fait l'écho dans le chapitre 5 de son évangile, en rapportant à plusieurs reprises une formule du type « vous avez appris qu'il a été dit… eh ! bien moi je vous dis ». Jamais personne avant Jésus ne s'était exprimé de la sorte ! Et pas beaucoup non plus après, si vous allez lire par exemple quelques extraits du Talmud.

[30] Cf. Mc 2,7 et Lc 5,21

[31] Lc 5,20 et parallèles ; Lc 7,48

20

les péchés, lève-toi, dit-il alors au paralytique, prends ton lit et va-t'en chez toi ».[32]

Je vous jure, cela fait drôle, même pour les habitués comme moi ! En fait, on ne s'habituait pas, c'était toujours nouveau et surprenant. Surtout que, parfois, il semblait que cette force émanait de lui à son insu, comme par exemple lorsque cette femme hémorroïsse s'est permis de toucher son manteau et fut aussitôt guérie : je crois que Jésus lui-même en fut étonné[33] ! En tout cas, vous comprenez pourquoi nous étions plutôt bien reçus partout.

Partout, cela veut dire en fait en Galilée. Sur cette question des lieux et des moments où Jésus est passé pendant son ministère public, vous voudriez sans doute en savoir plus et il faut bien reconnaître que les évangiles ne vous aident pas : si vous y cherchez un itinéraire rigoureux qu'aurait suivi Jésus au cours de sa vie publique, vous serez inévitablement déçus. Certes, les évangiles synoptiques s'accordent en gros pour distinguer deux étapes, celle de la vie en Galilée (Mt 2 à 20,34 ; Mc 1,9 à 10,52 ; Lc 2,4 à 19,27)

---

[32] Mt 9,6 et parallèles

[33] Mc 5,21-41 où l'on notera ces phrases : « Ayant entendu parler de Jésus, elle vint dans la foule par derrière, et toucha son vêtement. Car elle disait : Si je puis seulement toucher ses vêtements, je serai guérie. Au même instant la perte de sang s'arrêta, et elle sentit dans son corps qu'elle était guérie de son mal. Jésus connut aussitôt en lui-même qu'une force était sortie de lui ; et, se retournant au milieu de la foule, il dit : Qui a touché mes vêtements ? » » (v. 27-30).

puis celle de la venue à Jérusalem pour y mourir (Mt 21,1ss ; Mc 11,1ss ; Lc 19,28ss), mais le détail de chacune de ces étapes est bien mal défini, en particulier pour Luc qui glisse quantité d'informations sans les situer ; en outre et surtout, comme il a déjà été dit, Jean propose de reconnaître que Jésus est venu à trois reprises à Jérusalem (2,13.23 ; 6,4 et 11,55) à l'occasion de différentes Pâques et les déplacements de Jésus y sont donc présentés assez différemment, même si certains recouvrent ceux proposés par les évangiles synoptiques.

Vous voudriez sans doute que je vous en dise plus moi-même sur notre parcours, mais je n'ai tenu aucun journal, et je ne crois pas qu'aucun des disciples en ait tenu un non plus : nous nous laissions porter et guider par notre Maître. Mais de fait, si nous sommes bien montés plusieurs fois à Jérusalem, ce ne fut pas là que Jésus exerça l'essentiel de son ministère : les évangiles synoptiques décrivent assez bien la réalité que j'ai connue et dont je puisse me souvenir, et nous avons donc bien passé la plus grande partie de notre temps en Galilée.

J'y étais à l'aise, en terrain connu : comme je l'ai admis, je me suis toujours senti un peu provincial, ce dont témoignent certaines de mes réactions, et ce sont les nécessités de l'évangélisation qui, plus tard, me feront déployer mes ailes de voyageur international. La Galilée de mon époque n'était pas très différente de celle d'aujourd'hui, du moins en certaines de ses parties : par exemple, la partie nord-ouest du lac de Tibériade, de Bethsaïde au bord du lac

22

jusqu'aux falaises d'Arbel, un peu plus à l'intérieur. Je comprends que les touristes s'y plaisent et aient là plus qu'ailleurs l'impression de retrouver Jésus.

Figure 3 : Banias ou Césarée de Philippe (Galilée), les sources du Jourdain

L'enseignement de Jésus

Aux premiers temps du compagnonnage, Jésus nous a clairement donné la priorité à nous ses disciples sur les foules qui venaient le voir. Quand je constate que certains de vos commentateurs ont prétendu que l'idée de fonder une Église n'a jamais été sienne ou ne lui est venue que sur le tard, je me demande comment ils peuvent expliquer, comme l'ont justement attesté les évangiles synoptiques[34], qu'il ait pris tant de temps à nous former, nous les disciples, dès les débuts de mon ministère !

Les Béatitudes furent donc parmi les premiers enseignements que j'ai reçus de Jésus[35], et ce fut un renversement. Écoutez :

« Heureux ceux qui ont une âme de pauvre, car le Royaume des Cieux est à eux. Heureux les doux, car ils posséderont la terre. Heureux les affligés, car ils seront consolés. Heureux les affamés et assoiffés de la justice, car ils seront rassasiés. Heureux les miséricordieux, car ils obtiendront miséricorde. Heureux les cœurs purs, car ils verront Dieu. Heureux les artisans de paix, car ils seront appelés fils de Dieu. Heureux les persécutés pour la justice, car le Royaume des Cieux est à eux »[36].

Bon, c'est beau, d'accord, mais cela vous paraît-il praticable ? En tout cas, pour moi, ce fut très difficile à accepter comme en ont

---

[34] Mt 10,1 ; 11,1 ; Mc 4,34 (« en particulier, il expliquait tout à ses disciples ») ; Lc 6,20s (Béatitudes données aux disciples). Chez Jean, vous constaterez que la notion de disciple est bien plus large que le groupe des Douze.

[35] Pour certains de vos commentateurs, tel José Antonio Pagola (*Jésus, approche historique*), l'enseignement premier et fondamental de Jésus portait sur le Royaume de Dieu comme réalité présente et accessible. De fait, cet enseignement a tenu une grande place et Pagola montre très bien comment il recevait un écho immense auprès des petites gens de Galilée. Moi, je vous parle des Béatitudes parce que c'est cet enseignement qui nous a marqués en priorité, nous les disciples.

[36] Mt 5,3-12

24

d'ailleurs témoigné les évangélistes Marc et Matthieu en rappelant l'une de mes réactions[37]. Il faut dire que Jésus venait de nous faire savoir qu'il lui fallait s'en aller à Jérusalem pour y mourir. Mettez-vous à ma place, il était encore très jeune, nos « affaires » marchaient plutôt bien, et il pouvait très bien éviter d'aller se jeter dans la gueule du loup en montant à Jérusalem. Ma réaction fut donc assez normale : « Dieu t'en préserve, Seigneur ! Non, cela ne t'arrivera point ! ».

Eh ! bien, cela ne lui a pas du tout plu, et j'ai reçu une sévère réprimande : « Passe derrière moi, Satan ! Tu me fais obstacle, car tes pensées ne sont pas celles de Dieu, mais celles des hommes ! » Oui, bien sûr, ensuite j'ai compris qu'il lui fallait vivre son destin, que sa mort allait apporter la vie, que le renversement annoncé par les Béatitudes s'accomplissait[38], mais sur le moment, je ne m'étonne pas d'avoir réagi comme je l'ai fait : vous pouvez donc voir cette réaction avec un peu de commisération, plus de deux mille ans après, car je ne suis pas sûr que vous vous seriez manifestés différemment. D'ailleurs, les autres disciples, dont les évangélistes ne parlent pas, n'ont pas été étonnés : c'est comme si j'avais exprimé leurs propres pensées. C'est pourquoi Jésus s'est empressé de

---

[37] Mt 16,21-25 ; Mc 8,31-35. L'événement s'est passé à Césarée de Philippe, aujourd'hui pour vous Banias.

[38] Vous pouvez en voir une indication en 1 P 4,14 : « Heureux si vous êtes outragés pour le nom du Christ, car l'Esprit de Dieu, l'Esprit de gloire repose sur vous ». Vous reconnaissez sans doute à l'arrière-plan de mon propos Mt 5,10-11.

s'expliquer, et pas seulement à mon intention : « Si quelqu'un veut venir à ma suite, qu'il se renie lui-même, qu'il se charge de sa croix, et qu'il me suive. Qui veut en effet sauver sa vie la perdra, mais qui perdra sa vie à cause de moi la trouvera ». Toujours ce thème du renversement de l'ordre habituel du monde...

Il y en a en tout cas parmi ceux que nous rencontrions qui ont compris tout de suite ce dont il s'agissait avec Jésus, ce sont les pauvres, les petits, les malades, tiens justement ceux qui vivent, souvent malgré eux, les Béatitudes. Ils ont fait le siège de Jésus partout où il passait, et ils faisaient tout pour se faire entendre[39]. C'était émouvant, une vraie cour des miracles. Bon, pour être franc, c'était aussi parfois franchement dérangeant : dans *Viridiana*, un film terriblement provocant et souvent injustement critique vis-à-vis de l'Église, le cinéaste Luis Buñuel a bien montré ce que nous les disciples avons connu, le Capharnaüm de la pauvreté.

Hostilité

Si l'enseignement de Jésus passait bien auprès de certains, que la vie avait abîmés ou rejetés, il déclenchait aussi nombre de réactions critiques, voire furieuses : je viens de parler d'une des miennes, mais

---

[39] Mt 20,30-34, qui évoque deux aveugles à la sortie de Jéricho. Mc 10,46-52 corrige avec raison en rappelant qu'il n'y en avait qu'un, et qu'il s'appelait Bar Timée.

26

il y en eut bien d'autres venant d'autres horizons. En particulier dans son pays d'origine à Nazareth.

Il est bien vrai que Jésus n'a pas été en odeur de sainteté là-bas. Pour vous rien d'étonnant : vous connaissez et utilisez l'expression « nul n'est prophète en son pays », qui est clairement une reformulation d'une parole de Jésus rapportée par l'évangéliste Matthieu : « Un prophète n'est méprisé que dans sa patrie et dans sa maison » (13,57). Pour nous, et peut-être même pour Jésus, ce rejet n'allait pas de soi. Son intervention à la synagogue de Nazareth, que Luc place aux premières pages de son évangile[40] comme une dédicace programmatique, mais qui a eu lieu plus tard[41], était certes provocante, mais elle ne faisait que souligner une réalité maintes fois répétée dans l'Ancien Testament : Dieu ne fait pas acception des personnes[42], il est libre de ses choix, il n'exclut personne a priori.

Oui certes, mais de là à aller chez les païens, à les accueillir, à leur donner les mêmes droits que le peuple juif devant Dieu, c'était autre chose. Mais justement, ce n'est pas tant Jésus qui a fait cela, que

---

[40] Lc 4,16-30

[41] Ce récit a servi à Luc de mise en exergue, annonçant déjà l'ouverture aux païens, une ouverture que Jésus n'envisageait pas au tout début de sa mission : « Je n'ai été envoyé qu'aux brebis perdues de la maison d'Israël » (Mt 15,24 ; cf. Mt 10,6).

[42] Dt 1,17 ; 10,17 ; Sir 35,12 ; Rm 2,11 etc.

moi[43] ou Paul[44], bien plus tard, lorsqu'il était devenu évident que les païens avaient droit à l'annonce du salut. Jésus fut, en son temps, plus prudent, mais il n'a quand même pas hésité à se rendre en territoire païen[45] ou à parler à un centurion romain et à guérir son esclave[46] : déjà, il se sentait très libre, libre d'appeler un publicain à sa suite[47], de prendre son repas avec des publicains et des pécheurs[48], de se laisser toucher par une pécheresse[49]. En définitive, Paul et moi n'avons fait que nous inscrire dans une ligne déjà largement tracée.

Cette liberté, je ne vous le cache pas, m'a souvent troublé, mais aussi fasciné : Jésus était à l'aise partout, avec les saints ou réputés tels et les pécheurs, avec les riches ou les pauvres, avec les enfants comme avec les personnes âgées, avec les puissants comme avec les faibles, avec les malades comme avec les bien-portants. J'ai essayé de vivre de la sorte après qu'il soit monté au ciel, lorsqu'on attendait de

---

[43] Lorsque Dieu me fit comprendre que je ne devais pas hésiter à me rendre chez un centurion romain (Ac 10). Cf. aussi Ac 15,7.

[44] Ac 18,6 ; 22,21

[45] Mc 5,20 ; 7,31

[46] Mt 8,5-13 et le parallèle de Lc 7.

[47] Mt 9,9

[48] Mt 9,10-11. Cf. Lc 7,34.

[49] Lc 7,39

28

moi que je sois un exemple, et j'espère y avoir un peu réussi : vous savez, à l'époque, le « siège de Pierre » n'était pas ce qu'il est devenu ensuite à mesure que s'est développée l'Église, et peu d'entre vous me l'auraient alors disputé. Mais il reste que cette liberté, don de Dieu, n'est pas toujours facile à conserver : elle prend souvent les gens au dépourvu et ne manque pas alors de générer toutes sortes d'hostilités. J'avoue que je suis bien content de constater que le pape François qui a pris ma succession à Rome s'inscrive dans cette ligne d'humilité, de tendresse, de pauvreté, de liberté, parce que tout cela va ensemble. Puisse-t-il s'y maintenir et faire école !

Mais je reviens à Jésus et aux controverses qu'il a suscitées. Deux mots résument ce que je vais développer maintenant : autorité, proximité. L'autorité, je vous en ai déjà dit quelques mots très rapides, et il me faut y revenir. C'était donc celle de sa parole : Jésus disait et faisait dans un même mouvement, tel Dieu lors de sa création, et vous en avez de multiples exemples dans les évangiles, en particulier en matière de guérison. À dire vrai, il ne fut pas le seul à l'époque : plusieurs de vos commentateurs ont révélé la présence d'autres guérisseurs. Mais pour lui, ce n'était pas une volonté de se faire voir, bien au contraire, et il fallait souvent insister auprès de lui. Et quand nous avons nous-mêmes essayé de faire la même chose, le résultat ne fut pas à la hauteur de nos espérances ou de nos illusions : « Seigneur, aie pitié de mon fils, qui est lunatique et va très mal : souvent il tombe dans le feu, et souvent dans l'eau. Je l'ai présenté à tes disciples, et ils n'ont pas pu le guérir. » (Mt 17,15-16)

Jésus nous a souvent dit que c'était une question de foi : celle du malade qui demandait à être guéri, mais aussi la nôtre. C'était un peu rude à entendre : « Alors les disciples, s'approchant de Jésus, dans le privé, lui demandèrent : " Pourquoi nous autres, n'avons-nous pu l'expulser ? " - " Parce que vous avez peu de foi, leur dit-il. Car, je vous le dis en vérité, si vous avez de la foi comme un grain de sénevé, vous direz à cette montagne : Déplace-toi d'ici à là, et elle se déplacera, et rien ne vous sera impossible. » (Mt 17,19-20)

Cela dit, je dois reconnaître qu'après la résurrection, et surtout après la Pentecôte qui nous a tous remplis de l'Esprit de Jésus, notre parole s'est mise à son tour à produire des fruits de guérison, autrement dit à se manifester avec autorité. Vous en avez le rappel au début des Actes des Apôtres, lorsque je me suis trouvé face à un impotent : « Or on apportait un impotent de naissance qu'on déposait tous les jours à la porte du Temple appelée la Belle, pour demander l'aumône à ceux qui y entraient. Voyant Pierre et Jean sur le point de pénétrer dans le Temple, il leur demanda l'aumône. Alors Pierre fixa les yeux sur lui, ainsi que Jean, et dit : " Regarde-nous. " Il tenait son regard attaché sur eux, s'attendant à en recevoir quelque chose. Mais Pierre dit : " De l'argent et de l'or, je n'en ai pas, mais ce que j'ai, je te le donne : au nom de Jésus Christ le Nazôréen, marche ! " Et le saisissant par la main droite, il le releva. À l'instant ses pieds et ses chevilles s'affermirent ; d'un bond il fut debout, et le voilà qui marchait. » (Ac 3,2-8) Comme vous pouvez le constater, je n'étais plus exactement le même Pierre qu'avant la résurrection, mais nous en reparlerons.

30

Bon, je vous parle surtout de l'autorité de la parole de Jésus parce que c'était ce qu'il y avait de plus flagrant, mais la même autorité pouvait se manifester autrement : par exemple dans le comportement, dans la manière de faire face aux puissants. Lors de son procès, si nous avons tous tremblé, et souvent fui, Jésus a fait face : aujourd'hui, vous seriez peut-être tentés de dire « crânement », mais ce n'était nullement de la superbe, mais une sorte d'assurance incroyable qui nous a tous frappés. Que ce soit face au grand-prêtre ou face au gouverneur Pilate, l'autorité paraissait avoir changé de camp et le calme, l'audace de Jésus impressionnaient ses interlocuteurs :

- « Le Grand Prêtre interrogea Jésus : " Tu ne réponds rien ? Qu'est-ce que ces gens attestent contre toi ? " Mais lui se taisait et ne répondit rien. De nouveau le Grand Prêtre l'interrogeait, et il lui dit : " Tu es le Christ, le Fils du Béni ? " - " Je le suis, dit Jésus, et vous verrez le Fils de l'homme siégeant à la droite de la Puissance et venant avec les nuées du ciel. » (Mc 14,60-62)
- Jésus fut amené en présence du gouverneur et le gouverneur l'interrogea en disant : " Tu es le Roi des Juifs ? " Jésus répliqua : " Tu le dis. " (Mt 27,11)

Je vous ai donc aussi parlé plus haut de la liberté de Jésus, et c'était déjà une manière d'évoquer sa proximité à l'égard des gens : je voudrais y revenir en vous montrant comment il n'a pas hésité à dépasser la barrière mise par les règles de pureté, si importantes alors pour nous. Dans notre tradition juive, les critères et les rites de pureté jouaient un rôle majeur : mise à l'écart des païens[50], des publicains[51], des lépreux[52] ou… des femmes après leurs couches ou pendant leurs règles[53], lavage de cruches et de plats[54], et j'en passe. Pour nous en effet, Dieu était le pur, sans aucun mélange[55], et on ne pouvait donc s'approcher de lui qu'à condition de s'être purifié.

Notre maître, je l'ai déjà fait remarquer à propos des païens, n'a pas franchi absolument toutes les barrières, mais il n'a jamais laissé la question de la pureté lui barrer la route : il a enrôlé un publicain, Matthieu, dit encore Lévi, parmi ses disciples (Mc 2,14) ; il a suspendu le jugement qui devait atteindre une femme adultère (Jn

---

[50] Une « orientation » que notre maître semblait bien partager au départ tant elle était ancrée dans notre tradition : voir sa rencontre avec la syro-phénicienne dont il est question en Mc 7,25-29.

[51] Les publicains, collecteurs d'impôts, étaient des gens de mauvaise réputation parce qu'ils étaient réputés élargir au maximum l'assiette de cet impôt pour se servir au passage voir la réaction des pharisiens en Mc 2,16.

[52] Tout contact avec eux était source d'impureté : cf. Lv 13,44-45.

[53] Le flux de sang qui s'échappe est un flux de vie, qui met à part la femme comme si elle avait laissé échapper la vie : la femme doit donc offrir un sacrifice pour le péché (Lv 12,1-7).

[54] Mc 7,3-4

[55] Ce n'est évidemment pas un hasard si le premier chapitre du premier livre de la Genèse, que vous attribuez à un auteur sacerdotal, évoque la création en termes de séparation. Par ailleurs, l'origine du terme pharisiens, ces adversaires de Jésus dans le Nouveau Testament, est à trouver dans un verbe hébreu qui signifie précisément séparer.

32

8,3-11) ; il n'a pas hésité à enfreindre les règles du sabbat si les circonstances l'exigeaient ou si la vie était en jeu (Mt 12,1-13) ; d'ailleurs, il a même été jusqu'à se déclarer indirectement le « maître du sabbat » (Mc 2,28). Non, vraiment, rien ne l'arrêtait, et je ne vous cacherai pas que cela nous faisait un peu peur : parce que nous voyions bien, nous les disciples, que si certains s'en réjouissaient, beaucoup d'autres voyaient cela d'un très mauvais œil, comme s'ils en étaient dérangés.

Pour eux, l'ordre social, absolument nécessaire au bon fonctionnement de la vie publique dans une société, en prenait un coup. Et c'était vrai ! Il nous a fallu du temps pour nous rendre compte que l'ordre en question n'était pas nécessairement celui que Dieu voulait, mais celui que voulaient certains hommes[56], et qu'ils imposaient souvent par la force ou au nom de Dieu. Il me semble que cela ne fut pas propre à notre société : les siècles qui se sont écoulés depuis n'ont pas manqué de renouveler le genre, sous des formes diverses, en particulier celle des dictatures[57].

En tout cas, pour nous, au bout d'un certain temps, nous nous sommes bien rendu compte que cela sentait le roussi. Si bien que

---

[56] Si vous parcourez le livre déjà évoqué de José Antonio Pagola, vous noterez que l'auteur met fort justement l'accent sur les bouleversements socio-économiques qu'avait introduits Hérode Antipas en Galilée, avec la construction ou reconstruction de villes telles que Sepphoris et Tibériade : le financement s'est fait sur le dos des petits paysans qui représentaient jusque-là la majorité des habitants et dont beaucoup se sont trouvés endettés ou ont dû abandonner leurs terres (*Jésus, approche historique*, Paris, Cerf, 2012, p. 42-45).

[57] Eh ! oui, cela s'est vu tout au long de l'histoire et votre actualité est pleine de ces tyrans qui se servent de la religion comme auxiliaire de leur tyrannie.

lorsque Jésus a voulu monter encore une fois à Jérusalem, alors que le vent avait bien tourné, nous avons voulu l'en empêcher. Déjà nous avions peur, et pas seulement pour lui, mais pour nous aussi… Nous l'avons quand même suivi, par résignation plus que par conviction. Mais il est vrai aussi que nous l'aimions.

III. Jérusalem, ombre et lumière

Ombre

Il y a donc eu un moment où tout a basculé, et ce n'était pas très récent pour nous puisque cela s'est passé peu après la Transfiguration de Jésus. Saint Luc vous a fort bien présenté le renversement : dès son récit de la Transfiguration, il parle de l'exode de Jésus (9,31) ; et aussitôt, un peu plus loin, il met en scène une lente et longue montée vers Jérusalem (9,51 – 19,28). Mais Matthieu et Marc ne disent rien d'autre, même s'ils agencent les choses de manière un peu différente : en Mt 16,21 par exemple, Jésus annonce l'inexorable (« il fallait », une formule souvent reprise qui signale la volonté divine) montée à Jérusalem en vue de la Passion et de l'exécution, puis survient en 17,1-8 l'épisode de la Transfiguration, avec une exhortation « n'ayez pas peur » à l'adresse des disciples que nous étions.

Quand j'y repense aujourd'hui, je me dis que cet épisode de la Transfiguration, dans lequel Jésus nous a manifesté sa gloire au cœur de la vie terrestre, était sans doute destiné à nous rassurer, moi-même, Jacques et Jean, à nous montrer que la mort de Jésus ne serait pas la fin de tout, mais plutôt un commencement. J'avoue néanmoins que, sur le moment, je n'y ai rien compris et mes propos enflammés face à l'annonce de la Passion sont là pour en témoigner :

« Dieu t'en préserve, Seigneur, non cela ne t'arrivera point » (Mt 16,22 ; cf. Mc 8,12) ; je vous en ai d'ailleurs déjà parlé. Tel était bien mon sentiment profond même si Matthieu et Marc ont pris soin de noter que ma réflexion, que Luc passe lui sous silence, se situait chronologiquement avant la Transfiguration.

Figure 4 : La Transfiguration, par Fra Angelico (Wikimedia Commons)

Ce n'était donc plus seulement les réactions hostiles de l'entourage qui nous faisaient peur, mais la détermination de Jésus à accepter une fin que nous supposions peu glorieuse et dont nous ne voyions pas alors l'opportunité. Pourquoi donc en effet fallait-il que Jésus montât encore une fois, que nous pressentions la dernière, à Jérusalem ? N'avait-il pas pris soin jusqu'alors d'éviter le territoire d'Hérode ? J'ai mis du temps à comprendre que Jésus se jetait volontairement dans la gueule du loup : « À cette heure même s'approchèrent quelques Pharisiens, qui dirent à Jésus : " Pars et va-t'en d'ici ; car Hérode veut te tuer. " Il leur dit : " Allez dire à ce renard : Voici que je chasse des démons et accomplis des guérisons aujourd'hui et demain, et le troisième jour je suis consommé ! » (Lc 13,31-32). Il acceptait d'offrir sa vie en sacrifice pour deux raisons au moins :

- Parce que son Père le lui demandait et que cette obéissance était primordiale pour lui : souvenez-vous des effets terribles de la désobéissance d'Adam[58] !
- Et parce qu'il savait que ce serait finalement le seul moyen de sauver le monde.

Ce sont là deux raisons qui vous choquent peut-être encore, comme elles nous ont choqués, nous les disciples. Je vais essayer de vous dire ce que j'en ai compris à l'époque.

Un père sacrifie-t-il son Fils ? A priori non, bien sûr, sauf cas de barbarie. Les sociétés qui ont pratiqué ce genre de sacrifice l'ont d'ailleurs fait de manière rituelle, non pas comme une offrande

_____

[58] Gn 2-3

37

volontaire. Mais souvenez-vous que déjà, dans la Bible, Abraham avait accepté de sacrifier son fils Isaac parce que Dieu le lui demandait, avant qu'il ne l'invite au dernier moment à renoncer : ce fut un test de la foi du patriarche[59]. Alors, me direz-vous, pourquoi Dieu n'a-t-il pas retenu Jésus ? Il me semble qu'il a tout simplement respecté « l'ordre des choses », autrement dit le déroulement des événements mondains marqué par l'hostilité violente des puissants ; mais il a fait en sorte que ce ne soit pas le dernier mot de l'histoire.

Et c'est là qu'intervient le deuxième point. Vous savez que Dieu n'a pas créé l'homme comme un simple pantin qu'il manierait selon son bon plaisir, mais qu'il lui a donné liberté et responsabilité. Or cette liberté incluait le fait de s'égarer loin de lui, ce que l'homme n'a pas manqué de faire depuis les origines[60] et tout au long des âges : il n'a pas suffi, par la voix des prophètes de lui indiquer la route à prendre pour retrouver cette proximité avec Dieu qui fut celle du Paradis, il a fallu que Dieu fasse la route avec lui. Voilà ce qu'a fait Jésus pour nous les hommes, en prenant tous les risques de l'Incarnation, jusqu'à celui de la mort. Si Dieu était intervenu dans ce processus pour le casser, alors l'Incarnation aurait été vaine : Dieu a donc choisi de le respecter, d'aller jusqu'au bout, mais il a permis que ce bout ne soit justement pas une fin, mais un commencement. Grâce à la résurrection de Jésus, la mort, qui n'avait aucune « prise » sur Jésus, sauf celle que Dieu lui avait temporairement concédé,

---

[59] Gn 22

[60] Cf. Gn 3

38

l'espace de trois jours, n'est pas une fin définitive, mais le début d'une vie nouvelle, une forme de retour au Paradis perdu. Pour Jésus bien sûr, mais aussi, comme l'a si bien dit le cher Paul, pour tous ceux qui « seraient trouvés en lui » (Ph 3).

Apollos[61], dans ce que vous appelez la « lettre aux Hébreux »[62], a fort bien résumé tous ces points : « tout Fils qu'il était, Jésus apprit, de ce qu'il souffrit, l'obéissance ; après avoir été rendu parfait, il est devenu pour tous ceux qui lui obéissent principe de salut éternel » (5,8-9).

Bon, je vous donne là les éléments d'une réflexion très postérieure, mais voyons maintenant ce qui s'est passé à Jérusalem quand nous y sommes arrivés. En réalité, cela s'est fait par étapes, dont on retrouve les traces dans l'évangile de Jean, traces très semblables aux gestes des prophètes dans l'Ancien Testament : je crois que c'était très volontaire, que Jésus a vraiment voulu se présenter aux gens de Jérusalem lors de son dernier séjour comme prophète. Peut-être espérait-il encore « réveiller » les habitants de Jérusalem.

---

[61] Je sais que vos commentateurs continuent de s'interroger sur l'auteur de cet écrit, mais beaucoup reconnaissent déjà qu'Apollos, un excellent prédicateur bien instruit dans les Écritures (cf. Ac 19), offre les meilleurs titres de créance : ils ont raison.

[62] À une époque où l'on présentait volontiers cet écrit comme « lettre de saint Paul aux Hébreux », nombre de commentateurs se plaisaient à souligner qu'il ne s'agissait pas d'une lettre, qu'elle n'était pas de Paul et qu'elle ne s'adressait pas aux Hébreux. Aujourd'hui, vous parlez plutôt d'une homélie (les purs diront *midrash*), insérée dans un costume épistolaire.

Bon, le premier geste, ce fut l'expulsion des vendeurs du Temple. Je sais que l'évangéliste Jean situe l'événement au début la vie de Jésus (Jn 2,14-16), alors que les autres évangélistes, qui n'évoquent qu'une seule montée à Jérusalem, le placent au début du temps de la Passion (Mt 21,12-13 ; Mc 11,15-17), mais ce sont eux qui ont raison : Jean a anticipé l'événement dans la mesure où il a un caractère programmatique (Jésus nouveau Temple, annonce de la Passion et de la Résurrection etc.). En tout cas, même si les faits sont amplifiés par les évangélistes, cela a fait du bruit dans le Landerneau local, en particulier chez les grands-prêtres.

Figure 5 : La purification du Temple, par Le Greco (Wikimedia Commons)

Et le deuxième geste, ce fut bien sûr la résurrection de Lazare (Jn 11). Seul Jean en parle, attaché comme il l'est aux événements

40

symboliques, mais l'événement a bien eu lieu. Je vous en ai déjà parlé, même s'il existait d'autres thaumaturges (un « gros mot » pour dire « faiseurs de miracles ») que Jésus à son époque, il n'était pas dans leurs moyens de réaliser un tel miracle. Du coup, Jean amplifie et en fait un moment très solennel, à partir duquel les grands-prêtres, prenant conscience du fait qu'ils risquaient de perdre leurs privilèges, ont vraiment pris la décision de tuer Jésus, avec cette parole très solennelle de Caïphe : « Il est de votre intérêt qu'un seul homme meure pour le peuple et que la nation tout entière ne périsse pas » (Jn 11,50). C'était assez fort parce que, nous nous en sommes rendus compte nous les disciples plus tard, Caïphe a vraiment prononcé cette parole dans son sens le plus obvie, « plutôt un seul que tous », et en même temps, sans le savoir, il a donné le sens profond de la mort de Jésus, « pour le peuple ».

Après la résurrection, ce sera l'un des leitmotivs de notre prédication : « il est mort pour nous » ; c'est non seulement conforme à tout ce qu'Isaïe dit du serviteur souffrant (Is 52,13 – 53,12), mais aussi à ce que nous avait dit Jésus lui-même : « le Fils de l'homme lui-même n'est pas venu pour être servi, mais pour servir et donner sa vie en rançon pour une multitude » (Mc 10,45).

Bon, avec ces deux gestes, le sort de Jésus était clairement scellé et il l'a accepté. Nous les disciples, ce fut autre chose : quand il nous a réunis pour un dernier repas à Jérusalem, pendant lequel il nous a lavé les pieds (Jn 13), un geste normalement réservé aux serviteurs et esclaves, ma réaction fut vive : « Non, tu ne me laveras pas les pieds, jamais ! ». Finalement, j'ai accepté parce que Jésus a insisté, mais ce fut à contrecœur, et sans rien comprendre à un tel geste comme en témoignent mes paroles : « Seigneur, pas seulement les pieds, mais aussi les mains et la tête ».

Et pendant tout ce temps de la Passion, comme la plupart des autres disciples, j'ai pris du recul, je me suis placé à l'arrière-plan du tableau : du coup, les évangélistes ne parlent plus de moi. Sauf pour l'épisode du reniement, parce que je suis allé jusqu'à renier mon maître. Là vraiment, je suis tombé bien bas.

Figure 6 : Le reniement de Pierre, par Gerard Van Honthorst (Wikimedia Commons)

42

Vous connaissez sans doute l'épisode, il a tellement marqué les esprits que tous les évangélistes (Mt 26,69-75 ; Mc 14,66-72 ; Lc 22,55-62), jusqu'à Jean lui-même (Jn 18,17.25-27) mais avec un peu plus de sobriété, y font référence ! Ils parlent d'un triple reniement, et ils ont raison, même si la triplicité est une manière biblique traditionnelle de marquer la réalité d'un fait plus que sa récurrence. Eh ! oui, une fois de plus, j'ai affiché mon manque de courage, mes velléités, mes doutes (je repense en vous parlant à l'épisode de la marche sur l'eau, rapporté en Mt 14,28-31), alors même que je m'étais vanté du contraire devant Jésus peu de temps auparavant : « Dussé-je mourir avec toi, non, je ne te renierai pas » (Mt 26,35).

J'ai déjà, dans cette autobiographie, évoqué mes faiblesses que, comme beaucoup, j'ai voulu souvent nier : mais là, à Gethsémani, alors que mon maître faisait face lui aux outrages de la foule, puis des soldats (Mt 26,67-68 ; 27,27-31), ce fut éclatant et cela a marqué les autres disciples. Il me faudra quelque temps, et quelques autres événements importants dont l'effusion de l'Esprit, pour que je comprenne ce que dira si bien le cher Paul : « Jésus m'a déclaré : " Ma grâce te suffit : car la puissance se déploie dans la faiblesse. " C'est donc de grand cœur que je me glorifierai surtout de mes faiblesses, afin que repose sur moi la puissance du Christ » (2 Co 12,9).

Je ne vais pas chercher à me défendre : je suis tombé, du haut de ma vanité, c'est tout ! Cela fait mal, mais en même temps, cela fait du bien ! Et cela arrive à beaucoup de monde, surtout lorsqu'on est trop sûr de soi. Bien sûr, je m'en suis voulu, et les évangélistes évoquent mes pleurs. Mais il est impossible de revenir en arrière et vain de s'appesantir sur son passé : il est ce qu'il est, avec son lot de banalités, de grandeurs et de petitesses. Ce qui m'a tout à la fois terrifié et consolé, c'est le regard de Jésus : il me disait en quelque sorte « tu vois », sans pourtant me condamner. Oh ! je sais que Luc est seul à évoquer ce regard (22,61) et qu'il semble matériellement impossible à ce moment-là, mais je l'ai croisé plus tard.

J'ai donc persisté dans la fuite : je n'étais pas au pied de la croix avec les femmes et Jean (Mt 27,55-56 ; Mc 15,40-41), et ce n'est pas à moi que Jésus a confié sa mère, mais à Jean (Jn 19,25-27). Jésus a donc été crucifié et j'ai suivi tout cela de loin, et la distance physique traduisait la distance morale, mon incompréhension.

Vraiment, à ce moment-là, à tous points de vue, « il faisait froid » (Jn 18,18).

Lumière

Je viens de parler de fuite, de distance, mais je n'ai pas employé le mot « abandon ». Tout simplement parce que, lorsqu'on aime quelqu'un aussi fort que j'aimais Jésus, il ne peut être véritablement question d'abandon : il a toujours sa place, sinon à côté de nous, du moins en nous. Avec les autres disciples, les frères de Jésus et quelques femmes dont Marie sa mère, nous nous sommes « repliés »,

44

d'abord dans une chambre haute (Mc 14,15 ; Lc 22,12 ; Ac 1,13), tout à la fois déçus et perplexes : les événements étaient très différents de ce que nous avions pu imaginer, et, en même temps, quelque chose nous disait qu'ils avaient un sens qui nous échappait encore.

Et c'est là que, au surlendemain de la mise au tombeau de Jésus, Marie de Magdala est venue de bon matin nous dire qu'il était « absent de son tombeau » (Jn 20,2). Et j'ai fait la même expérience après elle. Notez bien que Marie-Madeleine ne nous a pas parlé dans un premier temps de résurrection, n'ayant pas encore vu Jésus vivant : elle avait beau avoir été très proche de Jésus, cette disparition n'avait pas encore de sens pour elle, et elle l'a affectée au point de la faire pleurer. Nous les disciples, à l'exception peut-être de Jean, nous étions dans les mêmes dispositions, encore très incrédules : Jean (ch. 20) vous a très bien décrit la scène. Disparition ne voulait pas dire automatiquement résurrection : d'ailleurs, les autorités romaines l'ont bien compris qui ont très vite prétendu (Mt 28,11-15) que le corps avait été volé !

Évidemment, tout a changé lorsqu'il s'est fait voir : à Marie-Madeleine, à deux disciples qui s'en retournaient depuis Jérusalem, puis à nous les disciples alors que nous étions réunis dans notre chambre haute (Jn 20,19). Ici, il me faut préciser plusieurs choses :

1. Mc 16,9s énumère une série d'apparitions qui correspondent à celles que je viens d'évoquer. Mais cette partie de chapitre, comme beaucoup de vos commentateurs l'ont noté, est une

addition tardive à l'évangile de Marc et c'est bien à partir de l'évangile plus tardif de Jean que je vous invite à les reconnaître.

2. La partie initiale du chapitre 16 de Marc évoque, en son verset 7, une apparition en Galilée : c'est aussi le lieu que propose Mt 28,16-20 pour l'apparition aux disciples, et celui qu'évoque Jean en son chapitre 21. On ne s'étonnera pas que Luc n'en fasse pas exactement état, lui qui donne dans son évangile et dans les Actes des Apôtres une valeur toute spéciale à Jérusalem, mais dans la mesure où il ne la contredit pas non plus[63], vous vous demandez sans doute si l'apparition galiléenne a quelque fondement.

3. Loin de tout concordisme, je vous confirme que oui : le souvenir en est manifestement prégnant chez les évangélistes, qui n'avaient pas de raison particulière « d'inventer » des apparitions galiléennes. Tout à l'heure, j'ai parlé de « repli » pour moi-même et les disciples, mais il a eu lieu en deux temps : nous nous sommes d'abord repliés sur la chambre haute, pendant le temps de la passion de Jésus, et jusqu'à sa résurrection. Quand celle-ci a eu lieu, nous avons donc bénéficié d'apparitions confirmant cette résurrection. Mais du fait du bruit que cela faisait auprès des autorités, et du

---

[63] A la vérité, si vous lisez attentivement le tout début des Actes des Apôtres, vous verrez que Luc, avec son habileté rédactionnelle habituelle, met l'accent sur Jérusalem, mais n'infirme absolument pas les apparitions galiléennes : le verset 3 du premier chapitre peut parfaitement évoquer des faits qui se sont passés en Galilée, même si l'enchâssement actuel de ce verset laisse penser que tout se passe en continuité à Jérusalem.

risque que celles-ci veuillent nous réduire au silence, nous avons choisi de quitter Jérusalem et la présence hérodienne, pour nous replier dans cette Galilée que nous connaissions bien, au moins pour un temps pendant lequel nous avons à nouveau bénéficié de telles apparitions. Il existe donc une double série d'apparitions post-pascales, si l'on considère les lieux : Jérusalem, la Galilée.

Ces choses-là étant clarifiées, je n'ai pas besoin de vous dire combien notre vie a changé : l'abattement a laissé place à un grand enthousiasme, en particulier chez moi. Surtout que, dans le cadre des apparitions galiléennes, Jésus est venu me confirmer le pardon de mon reniement. L'évangéliste Jean l'a mis en scène dans son évangile, au chapitre 21 : je parle de mise en scène parce qu'il est clair que la triple confirmation fait écho au triple reniement, mais la réalité fut plus simple. Jésus est simplement venu me dire ce pardon, et il l'a confirmé de manière claire en me rappelant le sens de ma mission initiale, celle d'être la « pierre sur laquelle il souhaitait bâtir son église » (Mt 16,18).

Pour moi, cela signifiait que devait commencer une toute nouvelle étape de ma vie, et c'est d'elle dont je vais maintenant vous entretenir. Vous en avez beaucoup d'éléments très clairs dans les Actes des Apôtres, et c'est à cet ouvrage que je vais souvent vous renvoyer : je sais que certains de vos commentateurs sont très critiques quant à la qualité historique de cette œuvre, mais ce scepticisme est largement injustifié. Comme Luc l'a expliqué dans la préface de son évangile (Lc 1,1-4), qui sert aussi manifestement d'introduction à son deuxième opus, les Actes des Apôtres, il a fait une enquête approfondie, mais ses résultats s'inscrivent dans une composition, un « exposé suivi » à but catéchétique dit Lc 1,3-4, qui ne suit pas nécessairement une trame chronologique : c'est cela qui déroute les commentateurs en question.

Mais lorsqu'on a pris soin de faire une soigneuse étude littéraire du texte proposé par Luc, de noter les ruptures, les approximations, les liaisons fragiles, les incohérences, toutes pourtant soigneusement et habilement masquées, il est souvent possible de débrouiller l'écheveau, ou à tout le moins de pressentir quels sont les fils qui ont été noués. Surtout que Luc laisse le plus souvent des traces de sa composition, si du moins l'on se montre très attentif au texte : je viens de vous le signaler plus haut à propos d'Ac 1,3, et nous le reverrons à d'autres occasions[64] comme celles du remplacement de Judas en Ac 1,15s ou du prétendu « Concile de Jérusalem » en Ac 15.

---

[64] Il y en aurait beaucoup d'autres, telle celle d'Ac 18,12, bien mise en valeur par J. Taylor, *Les Actes des deux Apôtres*, Études bibliques nouvelle série n° 23, p. 325, où la phrase « alors que Gallion était proconsul d'Achaïe » introduit en fait, très discrètement, un nouveau séjour de mon cher Paul à Corinthe : mais tout cela dépasse mon propos ici. Les subtilités de la rédaction lucanienne des Actes sont multiples, souvent encore méconnues, et pour vous éclairer, j'encourage Luc à vous écrire comme je le fais moi-même actuellement : il me dit vouloir vous laisser la joie de l'analyse et l'honneur de la découverte, mais j'espère quand même qu'il se résoudra à venir vous apporter prochainement une aide.

48

IV. Prédication à Jérusalem

Nous ne sommes pas restés longtemps en Galilée, ce fut juste un temps de rencontre et de formation, qui correspond à ce temps que Luc présente au début des Actes des Apôtres, que l'on appelle souvent « le temps de l'Ascension », qu'il fait durer symboliquement 40 jours (Ac 1,3), et dont je viens de vous dire qu'il ne se situe pas *nécessairement* à Jérusalem. On remarquera d'ailleurs que les participants à ce repas sont nommés au verset 11 « Hommes de Galilée », peut-être à cause de leur accent[65], mais peut-être aussi comme s'ils en revenaient tout juste !

Vous constatez déjà, comme je vous l'annonçais, combien il faut être prudent et attentif, par exemple aux enchaînements, lors de la lecture des Actes des Apôtres : Luc y a l'art de lier ensemble par quelque(s) point(s) des événements, comme s'ils s'étaient produits dans une suite chronologique ou topologique qui ne s'impose en fait pas.

En tout cas, nous voilà donc à Jérusalem, et Luc me redonne la première place parmi les apôtres lorsqu'il nous cite en 1,13. Il s'y tiendra tout au long de la première partie des Actes, dont certains de

---

[65] Mt 26,73 et Lc 22,59

vos commentateurs disent, je l'ai déjà noté mais le rappelle, que s'y succèdent « la geste de Pierre » (ch. 1-12), puis « la geste de Paul » (ch. 13-28). Le fait que je prononce des discours importants, une faveur que Luc réserve à ses personnages principaux, renforce encore cette prééminence. Dont je vous montrerai encore plus loin d'autres exemples.

La mise en place de l'Église

Lors de notre retour à Jérusalem, il nous a donc fallu nous organiser. Non pas tant en remplaçant Judas, une affaire qui, comme le montrent par exemple la vague introduction « en ces jours-là » ou la mention d'une communauté de 120 personnes (Ac 1,15), est intervenue plus tard : Luc l'a anticipée pour des raisons théologiques, en l'occurrence pour que la Pentecôte touche une communauté de disciples au complet, autrement dit parallèle aux douze tribus d'Israël qui ont engendré le peuple de Dieu. Non, il a surtout fallu se retrouver dans la prière, dans la réception de l'Esprit, dans la vie commune, finalement dans la mise en place de l'Église, une mission que le Seigneur Jésus m'avait confiée et que j'ai donc eu à cœur de réaliser avec la collaboration de tous.

En premier lieu, donc la prière, à laquelle Luc affirme que nous « étions assidus » (1,14). Il y reviendra dans un cadre communautaire plus large en 2,42. À ce moment de notre histoire

50

où nous travaillions à nous remettre en mémoire tout ce que nous avions vécu auprès de Jésus, nous nous sommes souvenus qu'il avait l'habitude de prendre de longs moments de prière avant toute grande décision (Lc le rappelle volontiers dans son évangile : 3,21 ; 5,16 ; 6,12 ; 9,18.28-29 ; 11,1 etc.) et nous avons donc fait de même. Pas nécessairement tous ensemble et dans la chambre haute, selon des rites propres que nous n'avions pas encore, mais aussi au Temple où j'avais l'habitude de me rendre avec Jean pour prier avec nos frères juifs (Ac 3,1).

Ensuite, accueillir l'Esprit, autrement dit le don que Dieu nous fait et qui va nous permettre de continuer de vivre en disciples en l'absence physique du Seigneur Jésus. Luc présente dans le chapitre 2 des Actes ce don dans une scène grandiose qui a marqué les chrétiens, et en particulier les peintres qui en ont proposé de multiples représentations : c'est la Pentecôte qui, bien avant d'être une fête chrétienne, est une fête juive de moisson. Matthieu et Marc n'ont pas jugé bon de faire une telle mise en scène, et Jean est lui aussi beaucoup plus sobre (Ac 20,22). Certains de vos commentateurs affirment que Luc a voulu en faire l'équivalent du don de la Loi au Sinaï, et qu'il y aurait été poussé par le fait que le lien Pentecôte/don de la Loi avait déjà été introduit dans la pensée juive, mais ce lien n'avait pas encore été fait à l'époque.

Enfin, la vie commune. Luc la présente à trois reprises (2,42-47 ; 4,32-35 ; 5,12-16), ce qui signale son importance, dans ce que vos commentateurs appellent souvent des « sommaires », autrement dit des résumés qui se recoupent, mais chacun avec un accent particulier. Dans le premier, Luc met en avant la prière, dans le deuxième la mise en commun des biens, dans le troisième les guérisons. Cette vie commune vous a souvent été présentée comme une nouveauté, surtout à partir du moment où elle a constitué le fondement des communautés religieuses que vous connaissez, mais elle ne l'était pas tellement pour nous les disciples : certes, nos repas communautaires prenaient une nouvelle signification, centrée sur la mort et la résurrection de Jésus, mais nous les connaissions déjà de son vivant. Nous avons donc repris le genre de vie que nous avons mené auprès de Jésus, en nous contentant de le structurer, ce qui ne s'est pas fait sans difficultés et tensions internes, comme Luc le rapporte aux chapitres 5 et 6 des Actes.

Il s'agissait de « durer ». Oh ! je sais que bien des commentateurs des Actes se sont étonnés, voyant là une préoccupation de Luc beaucoup plus que celle d'une communauté qui devait tabler sur la venue en gloire très prochaine de Jésus. Mais ces commentateurs se trompent. Bien sûr que nous espérions tous la venue de Jésus, n'avait-il d'ailleurs pas dit à propos de Jean « qu'il demeurerait jusqu'à ce qu'il vienne » (Jn 21,22-23) ? Ou bien encore : « Je vous le dis vraiment, il en est de présents ici même qui ne goûteront pas la mort avant d'avoir vu le Royaume de Dieu » (Lc 9,27).

Mais nous avions pour mission de fonder et développer l'Église, et nous savions bien que cela n'allait pas se faire en trois jours, surtout que Jésus nous avait bien prévenus que nous allions rencontrer des oppositions : « Si quelqu'un veut venir à ma suite, qu'il se charge de sa croix chaque jour et qu'il me suive. Qui veut en effet sauver sa vie la perdra, mais qui perdra sa vie à cause de moi la sauvera » (Lc 9,23) ; ou encore : « Lorsqu'on vous conduira devant les synagogues, les magistrats et les autorités, ne cherchez pas avec inquiétude comment vous défendre ou que dire, car le Saint-Esprit vous enseignera à cette heure même ce qu'il faut dire » (Lc 12,11-12).

En fait, avec la venue de Jésus dans notre monde, nous étions entrés dans ce « déjà là » et « pas encore » que vos théologiens évoquent de temps à autre : tension fondatrice qui continue aujourd'hui de vous animer.

L'annonce de l'évangile

À mon époque, existaient déjà des groupes de vie communautaire : en premier lieu, ceux que prônaient les Pharisiens, mais aussi, un peu plus loin, les gens de Qumran sur le bord de la Mer Morte, et encore plus loin, les Thérapeutes à côté d'Alexandrie que vous connaissez par Philon d'Alexandrie. De tout cela, vous avez donc aujourd'hui encore des témoignages. Nos communautés chrétiennes n'étaient pas des nouveautés absolues dans un paysage vide, mais elles ont eu d'emblée un trait particulier par rapport à celles que je viens de citer : elles étaient centrifuges et non centripètes, orientées vers l'annonce de la bonne nouvelle de la résurrection de Jésus au-delà d'elles, « jusqu'aux extrémités de la terre » (Ac 1,8). Le repliement vécu pendant la Passion était bien fini !

Les moyens choisis furent au nombre de deux : « *Verbo et exemplo* », « par la parole et par l'exemple » disent d'ailleurs aujourd'hui nombre de règles de communautés religieuses autour de vous. L'exemplarité de la vie commune, dont je viens de vous parler, mais aussi la prédication par la parole étaient à notre programme. Du coup, dans la première partie des Actes, Luc fait de moi le porte-parole de la communauté primitive et m'attribue nombre de discours : il est clair que je n'ai pas prononcé tous ces discours, en tout cas pas comme tels. Cela faisait en effet partie du travail d'un l'historien de l'époque tel que Luc que de faire parler ses héros tels qu'ils étaient censés parler, sans qu'ils aient nécessairement prononcé la totalité, ou même la plus grande partie, du ou des discours qui leur sont attribués par l'historien en question.

Il reste que Luc, comme il l'a rappelé dans la préface de son évangile, a fait une enquête sérieuse, et que s'il compose il refuse la fantaisie : les discours qu'il m'attribue auraient pu être prononcés tels quels par moi, et recèlent en outre nombre de particularités théologiques qui sont bien miennes. Pour employer une expression caractéristique de votre époque « je m'y retrouve », et je pense qu'il doit en aller de même des autres « discoureurs » des Actes.

Mes premiers discours « missionnaires » ont donc été prononcés à Jérusalem, avant que la lapidation d'Étienne ne marque le début d'une période de persécution et d'insécurité, qui ont conduit pas mal d'entre nous à porter la parole sous des cieux plus cléments.

Le tout premier discours que me prête Luc est celui que j'aurais prononcé à l'occasion de l'élection de Matthias en remplacement de Judas, en Ac 1,16-22. Tout le passage répond clairement à l'intention de Luc de revenir symboliquement au chiffre 12, une référence à laquelle il tient, avant que ne soit donné l'Esprit et qu'une nouvelle mission ne commence : nous serions ainsi un peu comme les douze fils de Jacob. Cette histoire ne manque pas d'emblée d'étonner puisqu'elle évoque une communauté d'environ 120, chiffre que nous atteindrions bien plus tard ; en outre, en 2,16, selon la tradition du texte des Actes que vos spécialistes appellent « occidentale », Pierre est debout « avec les dix », signe que cette tradition ne connaît pas l'élection de Matthias.

Cette élection a pourtant bien eu lieu, mais pas au moment et selon toutes les modalités que propose Luc : comme il le refera tout au long des Actes, Luc coud ensemble des éléments d'informations qu'il possède, selon des principes variables mais souvent en essayant de garder une unité de temps et/ou de lieu, et il les met en scène. Ici, il rassemble et lie une information concernant la mort de Judas, et une autre concernant le choix de Matthias pour une mission d'évangélisation, élection mise en rapport avec les Douze. Vous comprenez dès lors qu'il n'y a jamais eu de discours officiel ou notable de ma part dans ces circonstances.

Mon deuxième discours aurait fait suite à l'événement de la Pentecôte. Là encore, il faut faire la part de la mise en scène de Luc : comme je vous l'ai déjà dit, le don de l'Esprit est présenté de manière plus modeste chez Jean, et Luc est nettement guidé par une volonté de voir dans ce don une manière de répondre à la confusion des langues telle qu'elle a été évoquée en Gn 11, dans le fameux épisode de la tour de Babel. Il n'empêche que j'ai bien prononcé ce genre de discours, à la suite du don de l'Esprit : sans lui, je n'aurais pas osé !

Tenez, en voilà deux signes dans lesquels je me reconnais bien. Je vous invite à considérer les versets 23-24 dans la traduction de la *Bible de Jérusalem* : « cet homme qui avait été livré selon le dessein bien arrêté et la prescience de Dieu, vous l'avez pris et fait mourir en le clouant à la croix par la main des impies, mais Dieu l'a ressuscité, le délivrant des affres de l'Hadès ». Le thème de la prescience de Dieu ne se retrouve ailleurs que... dans ce que vous appelez la première lettre de Pierre ; quant à l'emploi d'Hadès, auquel plusieurs versions préfèrent celui de « mort », mais qui est clairement en relation avec la citation psalmique qui va suivre, c'était un terme qu'employait volontiers Jésus et qu'il a d'ailleurs utilisé lorsqu'il a défini ma mission en Mt 16,18 : « Tu es Pierre, et sur cette pierre je bâtirai mon Église, et les Portes de l'Hadès ne tiendront pas contre elle ».

Plus largement en fait, toute cette problématique exégétique qui compare Jésus à David pour établir la supériorité du premier, qui est ressuscité, sur le deuxième qui est mort, et qui doit vous sembler très

56

alambiquée à vous aujourd'hui, n'est pas de Luc : elle est caractéristique de ce que fut notre prédication à nous Juifs, dans le monde juif, où l'on aimait beaucoup et où l'on aime encore ces controverses fondées sur la lecture de l'Écriture. Et bien sûr, je l'ai utilisée !

Je ne vais pas entrer dans plus de détails qui risqueraient d'égarer le lecteur non averti, et je passe donc sur les autres discours que Luc m'attribue devant la foule ou le Sanhédrin. Je voudrais dire quelques mots sur ma manière de gérer la vie commune, en m'arrêtant sur la fraude d'Ananie et de Saphire (Ac 5) à laquelle Luc donne un relief particulier en l'opposant en particulier à la noble attitude de Barnabé (Ac 4,36-37).

J'y apparais comme un juge sévère dont la parole suffit à provoquer la mort de l'interlocuteur en infraction : où est donc la fameuse miséricorde de Dieu, vont me demander mes détracteurs ? Il est vrai que Luc ne me donne pas le beau rôle, mais si j'emploie ce terme de rôle, c'est précisément pour vous inviter à lire à nouveau ce passage comme celui d'une mise en scène construite et amplifiée à partir d'éléments bien réels.

La réalité, c'est que nous vivions alors dans un contexte très hostile, marqué par une surveillance constante : il nous fallait donc mettre résolument à l'écart tous les fauteurs de troubles, dont il n'était pas exclu que certains fussent à la solde de nos opposants. Cela s'est fait au prix d'une certaine rigidité, je le reconnais, mais n'en va-t-il pas ainsi dans tous les mouvements naissants qui cherchent à s'établir ?

La réalité, c'est aussi que ni Ananie ni Saphire ne sont morts comme cela sur le coup, à la suite de ma condamnation : il s'agit là d'un artifice littéraire connu, visant à montrer l'autorité de la parole qui est prononcée. Mais de fait, ils ont été exclus de la communauté et sont morts peu après, ce qui a frappé les imaginations et donné naissance à cette légende sur le poids de ma parole[66].

Combien de temps suis-je resté à Jérusalem ? Pas autant que certains de vos commentateurs le voudraient, parce qu'ils souhaiteraient faire de moi… le premier pape ayant présidé un premier concile (Ac 15) qu'ils situent volontiers en 49 ou 52 ! Je redirai plus loin ce qu'il faut penser de ce prétendu concile, artifice littéraire lucanien imbriquant deux rencontres très différentes et distantes dans le temps, dont un synode régional auquel je n'ai pas participé.

Dans sa lettre aux Galates (1,18-19), Paul dit m'avoir rencontré à Jérusalem lors de son premier passage en 37, et me cite alors en premier, à côté de Jacques, le frère du Seigneur : de fait, à ce moment-là, j'étais encore l'autorité principale dans la communauté chrétienne de Jérusalem. Mais je commençais à passer la main, ce qui explique d'ailleurs pourquoi Paul mentionne Jacques : c'est lui

---

[66] En rappelant les usages de Qumran et un récit concernant R. Eliezer, Justin Taylor dit l'essentiel dans son commentaire (*Les Actes des deux apôtres*, vol. IV, Paris, Gabalda, 2000, p. 145).

58

en effet qui va me remplacer dès lors que je vais entreprendre la vie missionnaire dont je vais maintenant vous parler. Et cela explique aussi pourquoi, dans les Actes, à partir du chapitre 12 et ensuite, lorsqu'il évoque la communauté de Jérusalem, Luc donne toute sa place à Jacques (12,17 ; 15,13 ; 21,18), ou éventuellement aux « anciens » qu'il associe à de vagues « apôtres » tout au long de ce chapitre 15 si remanié.

V. Au-delà de Jérusalem

Jésus nous avait demandé, lors de ses apparitions, de porter la parole à Jérusalem, mais aussi au-delà « dans toute la Judée et la Samarie, et jusqu'aux extrémités de la terre » (Ac 1,8) : c'est donc ce que nous nous sommes employés à faire. Je dis bien « nous », parce que Luc, dans les Actes, va faire entrer en scène notre frère Paul et se focaliser sur lui : il apparaîtra ainsi volontiers aux yeux des lecteurs et commentateurs successifs de cet ouvrage un peu comme l'unique responsable de cette mission étendue. Il n'en a rien été et Luc est obligé d'en convenir discrètement : en évoquant le rôle d'Étienne puis de Philippe (ch. 6-8), mon propre rôle auprès d'un centurion romain (ch. 10), ou encore l'activité de ceux qui se sont dispersés « en Phénicie, à Chypre et à Antioche » (Ac 11,19).

A la vérité, Paul est arrivé bien plus tard, puisqu'il n'a rencontré Jésus sur la route de Damas qu'en 34, alors que la mort de Jésus date d'avril 30. Nous avions donc déjà « déblayé » le terrain en nous éloignant de Jérusalem, d'autant plus que l'hostilité à laquelle j'ai déjà fait plusieurs fois écho a redoublé, une hostilité qui nous menaçait tous et a emporté Étienne. Luc paraît la nier en 9,31 : « Cependant les Églises jouissaient de la paix dans toute la Judée, la Galilée et la Samarie ; elles s'édifiaient et vivaient dans la crainte du Seigneur, et elles étaient comblées de la consolation du Saint Esprit » ; mais il ne le fait que parce qu'il veut montrer combien l'Esprit-Saint conduit et protège les disciples.

60

Maintenant, si vous continuez la lecture de Luc au-delà du verset que je viens de vous rappeler, vous verrez que Luc fait quand même discrètement allusion à mon activité missionnaire hors de Jérusalem lorsqu'il reparle de moi : « Pierre, *qui passait partout*, descendit également chez les saints qui habitaient Lydda » (9,32). Ce propos est tout à fait dans sa manière tout au long des Actes : lorsqu'il dispose de peu d'informations, ou bien d'informations dont, pour des raisons littéraires ou théologiques, il ne peut ou ne veut rendre compte, il y fait quand même allusion. Voyez par exemple les fameux versets 22-23 d'Ac 18 : « Débarqué à Césarée, il (Paul) monta saluer l'Église, puis descendit à Antioche ; après y avoir passé quelque temps, il repartit », qui évoquent très discrètement un séjour de Paul à Antioche en quittant Jérusalem, séjour qui fut en fait celui du clash que Paul a eu avec moi et qu'il relate en Ga 2,14-20.

Parce que la vérité est bien là : si l'on me présente habituellement comme chef de la communauté primitive de Jérusalem, ce que je fus au départ suite à la place que je tenais déjà du vivant de Jésus, et si l'on a tendance à m'y laisser, je n'y ai passé en fait que quelques années avant de laisser la main à Jacques et d'entreprendre une mission qui fut bien égale à celle de Paul. Et Oscar Cullmann, un de vos exégètes, a eu raison de titrer l'un de ses ouvrages : « Saint Pierre, disciple, *apôtre*, martyr »[67] (c'est moi qui souligne le terme d'apôtre) ; même s'il minimise ensuite beaucoup trop les informations que l'on peut tirer des Actes des Apôtres pour détailler

---

[67] Neuchâtel, 1952.

61

cette activité. Écoutez-le, au-delà d'une certaine pointe anti-catholique :

« Chose curieuse, l'apôtre en qui les siècles postérieurs ont vu la personnification d'un gouvernement ecclésiastique fortement organisé n'a occupé une fonction directrice que pour peu de temps, à ses débuts, pour l'échanger bientôt contre une activité missionnaire » (*op. cit.* p. 35).

L'activité apostolique fut donc réelle et vous en avez plusieurs indices :

1. D'abord le fait que les Actes, comme je viens de le rappeler, y fassent donc référence.
2. Ensuite, le fait que ces mêmes Actes me laissent en plan en 12,17, tout en évoquant un nouveau déplacement. Voici le texte : « Puis il (Pierre) sortit et s'en alla dans un autre endroit ». J'y reviendrai plus loin.
3. Puis le récit d'un accord conclu dès 37 avec Paul et que ce dernier rappelle en 2, 7 : « Au contraire, ils (les colonnes) virent que l'évangélisation des incirconcis m'avait été confiée, comme à Pierre celle des circoncis ».
4. Puis l'existence d'un parti sous mon nom à Corinthe (cf. 1 Co 1,12), ce qui, malgré ce qu'en disent certains commentateurs, n'aurait pu se faire si je n'étais pas de fait passé là-bas.

62

5. Enfin, le « clin d'œil » de Paul en Rm 15,20, où il me désigne discrètement dans une référence à « autrui » : « tenant de la sorte à honneur de limiter cet apostolat aux régions où l'on n'avait pas invoqué le nom du Christ, pour ne point bâtir sur des fondations posées par autrui ».

Voilà. Si ma vie voyageuse au service de l'évangile est infiniment moins connue que celle de Paul, elle n'en fut pas moins dense : mais je n'ai pas eu un biographe comme Luc pour s'en faire l'écho.

Luc vous l'a dit avec une grosse pointe d'exagération, « je suis passé partout ». Mais je ne suis pourtant pas venu à Jérusalem à un moment où Luc m'y met, à savoir pour ce que vous appelez aujourd'hui, bien à tort, le « concile de Jérusalem » (Ac 15). Ce concile n'a jamais eu lieu : il s'agit une fois de plus d'une mise en scène de Luc qui, à partir de deux événements distincts, en construit un seul (toujours l'unité de temps et de lieu)[68]. Quels événements ?

En premier lieu, le passage de Paul à Jérusalem en 37 et l'accord qui fut conclu pour sa mission vers les païens, mission qu'il n'aurait d'ailleurs pas entreprise sans l'aval des autorités de Jérusalem, dont je

---

[68] Certains de vos commentateurs, tels par exemple ceux de l'ouvrage collectif *Saint Pierre dans le Nouveau Testament* (Paris, Cerf, 1974, p. 71s), passent tout près de la solution, mais ils ne la conçoivent que comme une bouée de sauvetage, après s'être empêtrés dans une lecture des Actes au ras du texte composé par Luc. Je ne peux que le dire et le redire, la critique littéraire des Actes est un préalable à sa lecture, afin d'éviter de se poser des questions qui n'ont pas de raison d'être et conduisent à ces impasses. Et Luc donne tous les éléments pour cette analyse à condition de bien ouvrir les yeux.

faisais encore partie à l'époque ; nous nous sommes donc mis d'accord (Ga 2,7-9)[69] et nous avons ensuite, Paul comme moi, commencé nos pérégrinations missionnaires. Pour ma part, comme l'ont justement proposé plusieurs analystes des Actes des Apôtres, je suis parti à Rome pour y fonder et structurer une communauté judéo-chrétienne naissante[70] : celle-ci, assez remuante, s'en est prise à la vieille communauté juive présente, en provoquant une vive agitation, et c'est ce qui explique que l'on entende parler d'elle dès

---

[69] Pour Luc, dans les Actes des Apôtres, cet accord qui fait violence à l'usage juif de tenir les païens à l'écart du salut du fait de leur impureté, aurait été préalablement voulu par Dieu et préparé pour moi par une rencontre avec un centurion, un certain Corneille (Ac 10), avant d'être validé à Jérusalem par l'église locale (Ac 11). S'il est incontestable que l'accueil des païens n'allait pas de soi pour moi et mes coreligionnaires, même après notre « conversion » au christianisme – et les débats plus tardifs sur la communauté de table, dont je vais parler, le montreront encore –, et si nous avons eu quelque mal à reconnaître dans cet accueil la volonté de Dieu, il est clair qu'une fois de plus Luc a *mis en scène* une réalité essentielle pour lui et très importante dans le développement de son récit, pour éclairer et justifier la mission de Paul qu'il va ensuite décrire. J'ai bien eu à rencontrer un centurion Corneille, et à me compromettre avec lui, mais Jésus avait déjà fait quelque chose de très similaire (Lc 7), peut-être avec moins d'engagement dans la mesure où il n'a pas eu à entrer chez le centurion, avant moi… L'histoire cornélienne manifeste donc d'abord et avant tout chez Luc un art narratif consommé : elle lui sert à montrer que, bien au-delà de moi, c'est Dieu qui cautionne cette mission.

[70] Les auteurs de *Saint Pierre dans le Nouveau Testament*, p. 65 n. 29, adoptent un point de vue différent : « Une tradition tardive a placé à cette date son départ pour Rome et a prétendu que ce fut alors qu'il fonda l'église romaine. Cette tradition n'a aucune base historique et ne mérite pas d'être sérieusement prise en considération ». Ce faisant, il est bien dommage que ces auteurs négligent les indications données par la lettre de Paul aux Romains sur le caractère originellement judéo-chrétien de la communauté romaine, ainsi que la forte probabilité que l'allusion au fondateur faite en Rm 15,20 vise Pierre : je me demande donc bien ce qui a pu fonder leur refus si catégorique.

64

l'année 41[71] lorsque l'empereur Claude tente de remettre un peu d'ordre dans la ville en expulsant de Rome des meneurs.

En deuxième lieu, Luc évoque un débat qui a eu lieu beaucoup plus tard, en 53, à Jérusalem toujours, entre Jacques, les anciens et des émissaires venus d'Antioche pour résoudre la question des exigences de la communauté de table entre judéo et paganochrétiens : certains voudraient qu'il s'agisse d'un concile, le premier de l'histoire, auquel j'aurais participé, mais ce ne fut qu'un synode auquel je n'étais pas présent. Je sais que Luc parle en Ac 15 d'un certain Syméon, en lui faisant l'honneur d'un discours, mais il ne s'agit pas de moi, mais du Syméon qu'il a évoqué en Ac 13,1 et qui était un délégué de la communauté d'Antioche[72].

Ce synode entre représentants antiochiens et jérusalémites a fait suite à un événement dans lequel en revanche j'ai tenu un rôle clé, celui qui m'a vu m'opposer à Paul et dont ce dernier fait état en Ga

---

[71] La date et les modalités de cette expulsion sont très discutées parmi vous aujourd'hui, mais Jérôme Murphy O'Connor a dit l'essentiel dans *Corinthe au temps de saint Paul* (Paris, Cerf, 2004, p. 190-200) : année 41, mesure limitée.

[72] Cette vérité très simple échappe encore à beaucoup de vos commentateurs qui veulent reconnaître ma présence à Jérusalem dans les circonstances évoquées par Luc, et qui continuent d'affirmer que c'est bien moi qui suis mentionné en 15,14 sous l'appellation Syméon, transcription araméenne de la forme grecque de mon nom : ainsi des auteurs déjà évoqués du *Saint Pierre dans le Nouveau Testament* qui déclarent tout de go « il est clair que, pour Luc, ce Syméon n'est autre que Pierre » (*op. cit.* p. 69). Que Luc ait pu ou même voulu jouer sur une certaine ambiguïté est possible, mais la tranquille affirmation de nos commentateurs n'est pas tenable dès lors que l'on se livre à l'indispensable analyse littéraire dont je vous ai déjà parlé. Au fait, si je n'avais pas eu parmi mes prénoms celui de Simon, se serait-il trouvé un seul exégète pour ne pas voir dans ce Syméon celui que Luc a déjà évoqué en Ac 13,1 ?

65

2,14-20. Antioche, c'était un peu la ville de Paul, celle d'où il partait et où il revenait, mais c'était aussi le lieu d'une communauté dans laquelle j'avais mon mot à dire en vertu de l'accord de Ga 2,7, parce qu'il s'y trouvait une grosse représentation judéo-chrétienne. J'y ai donc, début 53, croisé Paul et nous avons eu un affrontement sur les exigences de la communauté de table. Tel qu'il le relate, je n'ai pas le beau rôle : je suis une sorte de renégat, acceptant de « dissimuler » en me raccrochant à des usages juifs qu'en d'autres moments et d'autres lieux, j'acceptais pourtant de remettre en cause.

Il est vrai que, dans ces circonstances, je les ai défendus, mais pour une bonne raison que Paul défend par ailleurs pour son propre compte : la défense des petits. En l'occurrence, les petits étaient les judéo-chrétiens qui se trouvaient bousculés dans leurs usages alimentaires rituels par la partie pagano-chrétienne, certes grandissante, de la communauté. Faute d'un accord clair sur ces usages, j'ai jugé que les judéo-chrétiens avaient des raisons de les défendre. Comme c'était une affaire qui concernait au premier chef les Antiochiens eux-mêmes, nous nous sommes mis d'accord pour qu'une délégation d'Antioche parte à Jérusalem rencontrer Jacques et les anciens, qui représentaient alors l'autorité, afin de trouver un *modus vivendi*, ce qui fut fait dans les termes que Luc relate en Ac 15, et nous sommes repartis Paul et moi dans nos pérégrinations chacun de notre côté, sans passer par Jérusalem.

Voilà toute l'affaire.

66

Pour ce qui concerne mes voyages, vous constatez donc que je suis à Rome dans les années 37-40, à Antioche en 53, et vous savez aussi que je suis passé à Corinthe avant que Paul n'écrive à la communauté en 56. Mais cela ne suffit pas à meubler vingt ans et plus d'une vie et vous vous interrogez sans doute sur ce que j'ai fait plus précisément...

Luc vous l'a dit, « je suis passé partout ». Ce qui veut dire aussi d'une certaine manière « nulle part » de manière notable, en tout cas d'une manière telle que Luc ait pu en avoir quelque information utilisable. De fait, je n'ai tenu aucun journal de voyage, et personne n'en a tenu un à ma place, pas même mon épouse qui m'a toujours accompagné.

Pourtant, je vous ai laissé une information capitale dans l'une des deux lettres que le Nouveau Testament, en l'occurrence la première, celle qui m'est la moins contestée par les commentateurs. Vous pouvez le constater, j'écris à des habitants du Pont, de Galatie, de Cappadoce, d'Asie et de Bithynie : si vous vous reportez à une carte de l'époque, cela correspond très précisément aux régions qui entourent sans les recouper celles que Paul a évangélisées et traversées d'après Luc, à savoir la province romaine de Galatie, qui se trouve au sud de la Turquie actuelle. C'est trop beau et il n'y a là, vous vous en doutez bien, aucune coïncidence : il faut y voir l'effet de la répartition des champs apostoliques telle que Paul l'évoque en Ga 2,7-9.

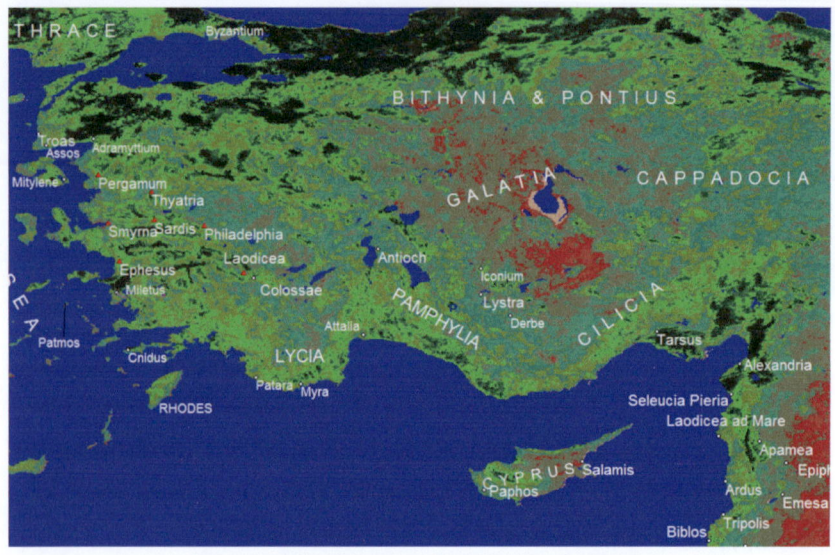

Figure 7 : Une des aires missionnaires de Pierre

Les régions que je cite sont donc celles dans lesquelles j'ai pérégriné, au cours des années 50-60, et que Paul a évitées de son côté lors de son deuxième voyage (cf. Ac 16,6-7) en préférant passer en « Europe » et se rendre en Grèce : l'excuse donnée par Luc dans les Actes est diplomatique, et en fait Paul, comme il vous l'a dit en Rm 15,20, a toujours voulu éviter de « bâtir sur des fondations posées par autrui ».

Puisque je viens de vous en parler, restons sur cette lettre. Certains de vos commentateurs, pour de mauvaises raisons, continuent d'affirmer que je ne peux l'avoir écrite : ils mettent par exemple en cause ma connaissance de la langue grecque. Mais outre que j'ai utilisé le concours de Silvain (1 P 5,12), je rappelle que si les autorités de Jérusalem m'ont confié l'évangélisation des circoncis, si

68

je suis passé à Corinthe, il faut alors admettre que ma connaissance de cette langue n'est pas aussi sommaire qu'on le dit. Loin de là. Les autres arguments sont de la même eau, aussi faibles : par exemple, ma méconnaissance des régions que je cite au début de ma lettre est un a priori et je viens de vous déclarer le contraire ; ceux qui défendent cette ignorance négligent complètement le fait que je fus un voyageur aussi impénitent que Paul !

J'ai écrit cette lettre au début des années 60, depuis Rome que j'évoque sous le nom de Babylone (5,3), avant tout comme un encouragement à ces communautés que je venais de fonder quelques années auparavant, et elles en avaient bien besoin : non pas tant à cause d'une menace lointaine, romaine par exemple, mais du fait des épreuves infligées par les populations locales. Ce sont ces persécutions que j'évoque et face auxquelles j'invite les communautés à tenir bon, en « s'aimant sincèrement comme des frères » (1,22) ; je me suis appuyé le cas échéant (relation aux autorités, relations intra-familiales) sur des éléments tirés des lettres de Paul, dont certaines circulaient déjà, en particulier à Rome.

Alors, vous allez maintenant me poser la question de l'authenticité de la deuxième lettre qui semble porter mon nom dans le Nouveau Testament, encore qu'il s'agisse une fois de plus de Syméon : je vous l'ai dit d'emblée au début de mon autobiographie, elle n'est pas directement de moi. Son auteur, c'est vrai, se présente comme un certain Syméon Pierre, témoin de la Transfiguration de Notre Seigneur Jésus-Christ (1,16-18), auteur d'une première lettre (3,1)… Mais nombre de vos commentateurs ont justement constaté que nos deux lettres se différencient notablement du point de vue de la langue, que dans la deuxième le corpus paulinien est déjà constitué (3,15-16), ou encore que l'authenticité de cette deuxième lettre a été largement contestée par de nombreux Pères de l'Église.

En fait, vous devriez donner tout son poids au nom proposé par l'expéditeur. Car même si certains manuscrits portent « Simon Pierre », il est clair que l'original fut « Syméon Pierre », leçon la plus difficile. Or Syméon n'est pas nécessairement Simon, pas plus qu'en français d'aujourd'hui Paulin n'est nécessairement le même que Paul : je vous l'ai déjà fait remarquer, la diversité apostolique fut infiniment plus large que ne le laissent supposer les écrits du Nouveau Testament, et surtout saint Luc dans les Actes[73].

L'auteur de cette lettre a choisi de la présenter sous le nom de Syméon Pierre, pour faire référence à ma personne (Pierre) tout en marquant une certaine distance (Syméon et non Simon) : une sorte de pseudépigraphie revendiquée. Vers la fin du premier siècle, dans le contexte agité qu'il a connu, où des faux prophètes entraînaient à leur suite nombre de chrétiens abusés par de fallacieux discours, il a choisi de se présenter sous le masque de ma personne pour donner plus de poids à son intervention : d'ailleurs, comme l'a fait Luc dans les discours des Actes, il met dans ma bouche des propos que j'aurais pu parfaitement tenir.

Comme il est facile de le voir et comme la plupart de vos commentateurs le notent, il a écrit le chapitre 2 en s'inspirant

---

[73] Pensez par exemple à Jacques, ou à Apollos, qui jouent un rôle très secondaire dans cet ouvrage, alors qu'ils furent des figures majeures des premiers temps apostoliques.

70

largement de la lettre de Jude. Ailleurs, il reprend des formes liturgiques connues ou parle donc comme s'il était moi. Tout ceci pourrait choquer aujourd'hui certains lecteurs parmi vous, mais je les invite à se replacer dans les conditions de l'époque : nous n'avions pas, et de loin, les outils de communication dont vous disposez aujourd'hui, il fallait souvent parer au plus pressé, et Syméon s'est donc permis certaines licences. Pour la bonne cause !

VI. Le martyre

Un peu plus haut, je vous ai rappelé l'existence de l'ouvrage de Cullmann me désignant comme disciple, apôtre et martyr : que vous dire du troisième point ?

Je ne vais pas ici faire l'histoire de ma mort à Rome, de sa date, de son mode particulier ou bien encore des traces qu'elle a laissées : tout cela continue d'être discuté parmi vous, et je ne suis pas là pour vous dévoiler la fin de l'histoire. Mais il se trouve que l'évangéliste Jean évoque ma mort, dans un dialogue avec Jésus qu'il situe lors de ma triple confession de foi au lendemain de la résurrection : « " En vérité, en vérité, je te le dis, quand tu étais jeune, tu mettais toi-même ta ceinture, et tu allais où tu voulais ; quand tu auras vieilli, tu étendras les mains, et un autre te ceindra et te mènera où tu ne voudrais pas. " Jésus signifiait, en parlant ainsi, le genre de mort par lequel Pierre devait glorifier Dieu » (Jn 21,18-19).

Cette prophétie, dont beaucoup de vos commentateurs affirment avec une tranquille assurance mais à tort qu'elle est une addition tardive, au même titre que tout le chapitre 21 dont elle est issue, a en fait un côté énigmatique qu'il faut lui garder : à vouloir tout en comprendre, à assurer que le fait d'étendre les mains annonçait ma mort en croix, ce qui n'a rien d'évident, à prétendre qu'elle anticipait une longue vieillesse, certains commentateurs ont préparé le terrain à ceux qui en refusent l'authenticité. Fondamentalement, les paroles de Jésus n'annoncent rien d'autre que mon martyre, et c'est déjà beaucoup.

72

Un martyre contraint mais accepté : quand on se souvient comment j'ai brutalement réagi aux premières annonces de la mort de Jésus, j'en ai déjà parlé, on comprend que celui-ci ait voulu souligner que l'âge me ferait changer d'avis, bien plus, que j'allais le suivre sur le chemin qu'il avait lui-même foulé.

Ces paroles annonçaient un renversement me concernant : elles sont bien de mon maître, elles en ont le caractère frappé et cryptique, en d'autres termes prophétique.

Et je suis mort à Rome bien des années après qu'il les ait prononcées.

Remerciements

À ceux qui m'ont poussé à persévérer dans la ligne de mon ouvrage, *Saint Paul, autobiographie 2014*, et à proposer maintenant cet ouvrage sur saint Pierre. En particulier mes frères dominicains du couvent de Lille.

À mon ami et collègue, Justin Taylor, s.m., qui fut mon soutien à l' *École biblique et archéologique française de Jérusalem*, et qui a pris soin de relire cet ouvrage et de me faire les remarques les plus justifiées. Comme l'ont fait aussi mes amis Maguitte et Daniel Rousselet que je n'oublie pas.

À Jérôme Murphy O'Connor o.p., décédé le 11 novembre 2013, mon professeur à l'origine, puis mon collègue à l'*École biblique et archéologique française de Jérusalem* : sa connaissance de Paul en particulier, du Nouveau Testament plus généralement, était incomparable et fut toujours pour moi stimulante.

À ceux que je cite en note, comme à ceux que je ne cite pas mais qui m'ont pourtant inspiré : tel en particulier mon ami Mgr Pierre Debergé, dont le *Saint Pierre* (Éditions de l'Atelier, Paris, 2003), est une mine d'informations proposées avec beaucoup de discernement.

Table des matières